Gastritis: Descodificación Biológica

autosanación emocional, Volume 1

Yenni Payeski

Published by Yenni Payeski, 2024.

GASTRITIS: DESCODIFICACIÓN BIOLÓGICA

First edition. October 12, 2024.

ISBN: 979-8227793775

Written by Yenni Payeski.

Tabla de Contenido

GASTRITIS
Descodificación Biológica

*Gracias a mi grupo de estudio del diplomado en Biodescodificación
por acompañarme en el camino del aprendizaje continuo,
como la vida misma.
Susana, Claudia, Belén e Inés.*

¿Vives permanentemente situaciones injustas? ¿Con rabia/enfado?

Esta sencilla e informativa guía **para principiantes** está dirigida a las personas que deseen descubrir los secretos de su estómago para aliviar hasta lograr eliminar desde su origen dolores de panza (tripa, zapan, barriga, guata, vientre, abdomen), como también los síntomas de acidez, gases o deposiciones frecuentes y evitar depender de algo que te venden con la falsa ilusión del alivio hasta que los síntomas vuelven a aparecer. Encontraremos **la fuente** de este dolor y dejaremos de tapar los síntomas.

Empieza por preguntarte:

¿Qué situación vives como amenaza?

¿A quién no soportas?

En el momento en que logres reducir la sensación de amenaza tu estómago se normalizará.

Todo tiene que ver con la atención.

¿Dónde pones tu atención?

Cuando el ego se siente amenazado, es lo que hace que veamos al otro no solo como distinto sino como distante.

Nuestro estado emocional, lo estamos transmitiendo sin darnos cuenta y al ser captado inmediatamente posiciona a la otra persona de tal manera que **"lo que tú le digas en palabras ya se encuentra con el estado emocional con el que esa persona está".**

La mirada de **desprecio**, el otro la siente.

Se han detectado cambios en el campo electromagnético que procede del corazón hasta tres metros de distancia. Es decir, estás influyendo en la otra persona, dependiendo la situación de tu corazón.

El corazón manda mensajes directos al cerebro y al tubo digestivo.

Cuando te sientes amenazado (lo que más miedo nos da es el juicio del otro) esta sincronización entre corazón, cerebro y tubo digestivo desaparece.

Para lograr un cambio de mirada de la enfermedad deseo que empieces a sumergirte en el mundo de la **descodificación biológica** como me hubiese gustado que me explicaran desde cero y en forma simple, para una mortal que necesitaba aliviar sus síntomas sin tantos rodeos pero, buscando una solución real y efectiva.

Descubre cómo cambia tu cerebro cuando cambias de perspectiva.

Mi propósito final es darte a conocer que existe una vida sin dolor, aunque en estos momentos te cueste creerlo.

INTRODUCCIÓN

Origen de las enfermedades desde la biodescodificación

¿Qué conflictos originan el dolor de estómago?

¿Cuál es la función biológica del estómago?

Plantas medicinales para acompañar la reparación

Órgano del estómago: síntomas según la medicina germánica

Definición de algunos términos más frecuentes:

Palabras y expresiones relativas al estómago:

Caso de Gastritis

Caso de dolor de estómago

Caso de acidez de estómago

Autoterapia

Cómo cambia tu cerebro cuando conectas con otros

El silencio ayuda a reparar el cuerpo

Neuronas espejo

Meditación. Coherencia: corazón, cerebro y tubo digestivo

Permanecer

Ejercicio para el momento de comer
CONCLUSIÓN
¿Qué necesitas?

Basta de pastillas o placebos

Dónde está el problema, está la solución
Caso final:

INTRODUCCIÓN

Origen de las enfermedades desde la biodescodificación

Si en realidad quieres descubrir las causas emocionales de tus enfermedades tienes que conocer de qué se trata la Descodificación Biológica.

La Descodificación Biológica o Biodescodificación es un enfoque terapéutico basado en el significado o sentido biológico de los síntomas de una enfermedad. Se pregunta **¿para qué sirve el síntoma** y cuál es **la función biológica del órgano** afectado puntualmente por la enfermedad o dolencia?. Cuando no hay solución exterior, hay una solución interior, es lo que llamamos enfermedad[1].

En base a la experiencia deseo que empieces a sumergirte en el mundo de la descodificación biológica para lograr un cambio de mirada de la enfermedad. Como me hubiese gustado que me explicaran desde cero y en forma simple, para una mortal que necesitaba aliviar sus síntomas sin tantos rodeos pero buscando una solución real y efectiva.

Para aliviar hasta lograr eliminar dolores de estómago (panza, tripa, zapan) como también síntomas de acidez, gases o deposiciones frecuentes y evitar depender de pastillas o medicamentos (que te venden la falsa ilusión del alivio temporario hasta que los síntomas vuelven a aparecer) iremos a la fuente de este dolor y dejaremos de tapar los síntomas.

Empieza por preguntarte:

¿Qué situación vives como una amenaza?, ¿A quién no soportas de tu entorno habitual?

En el momento en que logres **reducir la sensación de amenaza** tu estómago se normalizará.

Todo tiene que ver con la atención. ¿Dónde pones tu atención?

Donde ponemos nuestra atención ponemos nuestra vida.

Cuando el ego se siente amenazado, es lo que hace que veamos al otro no solo como distinto sino como distante. Y cuando nos creemos este mensaje del ego nos cuesta más acercarnos porque no lo vemos como nuestro igual, como nuestro hermano y nos predisponemos para reaccionar desde este prejuicio en lugar de hacer a un lado estos mensajes de amenaza y ver al otro como un ser sintiente semejante a mí. Me hace de espejo, me refleja.

Nuestro **estado emocional**, lo estamos transmitiendo sin darnos cuenta y al ser captado inmediatamente **posiciona a la otra persona** en un estado emocional de tal manera que "lo que tú le digas en palabras ya se encuentra con el estado emocional con el que esa persona está".

Si miras a tu jefe con **la mirada del desprecio** y tu jefe aunque fuera a nivel inconsciente, lo siente.

Se han detectado cambios en **el campo electromagnético que procede del corazón hasta tres metros de distancia.** Es decir, tú ya estás influyendo en la otra persona, dependiendo la situación de tu corazón.

El corazón manda mensajes directos al cerebro y al tubo digestivo.

Cuando **te sientes amenazado** (lo que más miedo nos da es el juicio del otro, la crítica) esta **sincronización** entre corazón, cerebro y tubo digestivo desaparece hasta tal punto que el corazón entra en un ritmo frenético; tubo digestivo y encéfalo empiezan a alterarse.

El antídoto natural del miedo es el amor.

Lo que más me impresiona al escribir estas líneas e ir recopilando casos propios como de otros terapeutas, es cómo mis temas no resueltos volvieron a mí una y otra vez; justo me pedían cita personas con gastritis, creo que es una prueba más para sanarme y aprender a sanar a otros.

En algún momento tuve que cerrar el alcance de esta edición pero es un material vivo que te abrirá la puerta hacia un aprendizaje continuo.

Encontrarás al finalizar esta recopilación de experiencias biológicas que la escucha sincera, la empatía, la compasión y el amor son formas de conexión humana que la ciencia está demostrando que son beneficiosas para llegar a una mayor longevidad con salud.

Descubrirás cómo cambia tu cerebro cuando cambias de perspectiva.

¿Qué conflictos originan el dolor de estómago?

Primero debemos conocer de <u>qué parte específica del estómago</u> viene nuestro dolor.

¿Siento un dolor punzante en la curvatura mayor o en la curvatura menor?

¡Uf! ¿cómo lo sabré?

Diferenciar la parte del órgano afectado nos permitirá saber <u>qué tipo de tejido</u> está implicado (ectodermo[2] o endodermo) y así identificar si el síntoma corresponde a la fase activa de la enfermedad o ya estamos transitando la fase de reparación.

Vamos gradualmente, pasito a pasito.

Cuando tengo un consultante (paciente) suelo indagar:

¿Está actualmente en fase activa, en fase de curación o es una reactivación del conflicto?

Escucho a la persona, cuando habla sobre sus dolencias, si está describiendo síntomas de curación (fase 2 de la enfermedad), o bien de actividad de conflicto (fase 1 o Activa). Identificar en qué etapa o fase de la enfermedad es sumamente importante porque me permitirá acompañar al paciente de diferente forma, primero para darle la información correcta, un paciente con información recupera el poder sobre su salud, porque conoce qué es lo que sigue y **se libera del miedo del diagnóstico** inicial.

No sé si te ha pasado que vas al médico y lo ves como un ser todopoderoso, su palabra es palabra santa y no nos permitimos tan solo pensar en **cuestionar su diagnóstico** o buscar una segunda opinión más acorde a cómo queremos mirar nuestro cuerpo y vivir nuestra vida.

Un paciente con información recupera el poder sobre su salud.

Contar con un diagnóstico médico nos da la información inicial para que podamos identificar la fase en que se encuentra la persona, pero también sabemos que a menudo no vamos al médico por cada dolor de estómago; a menos que el dolor se torne insoportable solemos normalizar este síntoma como si fuera parte habitual de nuestra vida y mi propósito es darte a conocer qué existe una vida sin dolor, aunque en estos momentos te cueste creerlo.

A continuación resumiré a grandes rasgos el funcionamiento de este órgano y su interacción con el resto del sistema digestivo para que puedas descubrir por ti mismo qué le pasa a tu cuerpo y por qué reacciona de cierta manera para continuar viviendo (supervivencia, sobrevivir).

¿Cuál es la función biológica del estómago?

Órgano: ESTÓMAGO

Quizás observar la siguiente imagen te ayude a entender mejor el próximo párrafo:

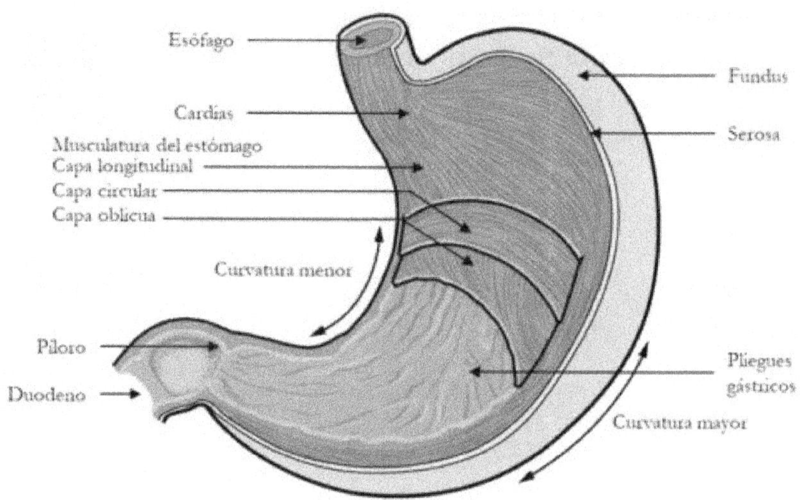

Figura 7. Anatomía del estómago | Fuente: Anatomy and Physiology por Rice University, bajo licencia Creative Commons / Modificada.

El cardias recibe el alimento del esófago, que después pasa por el píloro para dirigirse al duodeno. Las glándulas de la **mucosa gástrica** producen jugos gástricos (pepsina, ácido clorhídrico) para la digestión de proteínas. Al igual que la mayor parte del tubo digestivo, el estómago (ventrículo) se compone fundamentalmente de tejido endodérmico. Excepciones: **Pequeña curvatura y píloro. Estos están recubiertos por tejido epitelial de origen ectodérmico** (corresponde en la siguiente imagen la zona en color rojo). Sobre este se encuentra, según el Dr. Hamer, **musculatura estriada** (el resto se compone de musculatura lisa)[3].

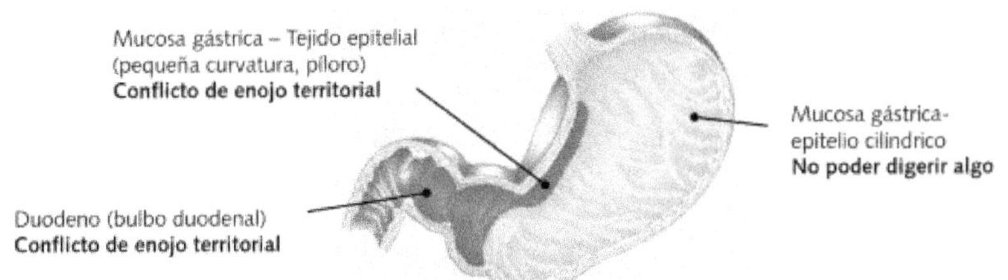

La imagen arriba está basada en los gráficos del Dr. Hamer: "Wissenschaftliche Tabelle der Neuen Medizin". Amici di Dirk Ediciones, cubierta p. 2 en el centro a la derecha.

Aunque la explicación anterior puede resultar difícil de asimilar si no estamos familiarizados con cada término, ¡no entres en conflicto ahora!, lo iré desmenuzando para entender porque es sumamente importante comprender que cada parte, **cada tejido** que compone **el órgano** tiene **una función y una lógica biológica**. No desesperes, llegarás a distinguir porqué tu estómago reacciona como lo hace.

Me centraré en esta guía solamente en la Curvatura **menor** del estómago, que corresponde a la zona pintada de rojo en la imagen anterior: Mucosa gástrica – Tejido epitelial (pequeña curvatura) que reacciona en relación a un **Conflicto de enojo territorial,** como una determinada manera de vivir un conflicto de **ira (enojo, enfado, cólera) en tu espacio**, llamado territorio. Si nos remitimos a nuestro origen más primitivo o si observamos a los animales en la naturaleza es más sencillo entender **qué es un territorio y cuáles son sus límites** y qué hacen los animales para **defender su territorio**. En cuanto a los humanos nuestro territorio puede ser nuestra casa, nuestro cuarto o nuestro espacio de trabajo.

Para mi maestra en Biodescodificación Ángeles Wolder, *"En general, la **curvatura menor** tiene un carácter social, relacional, **contrariedad territorial en las relaciones**, someterse a una injusticia, obligados a ver o **afrontar algo que enoja**, por ejemplo, sin poder enfrentarse a una autoridad"*[4].

Te invito a pensar y buscar en tus relaciones, las que vives con el sentido de **autoridad masculina (paterna), lo superior, lo que está alto, las aspiraciones o lo intelectual.** No significa que sea real puede ser simbólica también como con un compañero de trabajo con nivel más alto o que tú crees que sabe más o tiene más experiencia y hayas vivido con él una situación donde pienses: *"me trató de forma injusta y lo vivo con enojo".* (se amplía este punto en la definición del lema de Helicobacter pylori)

*"En general, la curvatura menor tiene un carácter social, relacional, contrariedad territorial en las relaciones, someterse a una **injusticia**, obligados a ver o afrontar algo que enoja, por ejemplo, sin poder enfrentarse a una autoridad"*

Sentido Biológico (SBS) de la mucosa gástrica superficial

En los casos de inflamación de la mucosa gástrica (gastr**itis**), cáncer del tejido epitelial del estómago (úlcera gástrica cancerosa), úlcera péptica y acidez gástrica[5] ; el conflicto que vive la personas está en relación con un "**conflicto de enojo territorial o de identidad** (sujeto a lateralidad, situación hormonal y conflictos previos)".

"Conflicto de enojo territorial o de identidad"

La sensación o percepción biológica que activa el Programa Especial de Supervivencia en la corteza territorial derecha del cerebro (con sentir masculino) afecta a un hombre diestro normohormonado y a una mujer diestra con cambios hormonales (de hormonas sexuales). También un hombre zurdo normo-hormonado y una mujer zurda con cambios hormonales pueden hacer síntomas en esta zona ante un conflicto de identidad o no saber **qué lugar ocupar** en un grupo determinado.

También encontré autores que lo resumen de esta manera:

PERSONAS DIESTRAS Y HOMBRE ZURDO= Contrariedad en el territorio. Sentido de injusticia, rencor en el territorio.

MUJER ZURDA= Identidad (rol o posición) en el territorio (grupo). Indecisión[6].

Ejemplos de situaciones que <u>activan</u> el Programa Especial de Supervivencia en:

- PERSONAS DIESTRAS Y HOMBRE ZURDO= Sentir que debo someterme injustamente en mi territorio a algún miembro de la familia, algún colega del mismo rango o un subalterno (empleado). Sentir que "*me están llevando la contra*". Tener que **obedecer injustamente** a otro: cuando *te imponen una decisión en la que no estás de acuerdo.*

- MUJER ZURDA=Indecisión. Sentir que no se sabe cuál es el rol en el grupo: *no saber dónde posicionarme entre mamá y papá que están peleando* o están en desacuerdo (si estoy con mamá "*abandonó*" a papá, si estoy con papá, soy "*rival*" de mamá). Cuando las familias de origen están encontradas y el hijo(a) no sabe qué posición ocupar. También al *tener que elegir entre una opción u otra*, por ejemplo un empleo, una pareja, etc.

Algunas aclaraciones antes de continuar.

<u>Lateralidad biológica</u>

La lateralidad tiene que ver si una persona es diestra o zurda biológica. No la lateralidad a la que fueron forzados algunos niños a utilizar la mano derecha porque no era bien visto que una persona utilice la mano izquierda.

Diestros o zurdos biológicos

La determinación de la lateralidad es muy importante para los biodescodificadores, ya que de ella se deriva la siguiente regla aplicable tanto <u>para hombres como para mujeres</u>:

- Para la **persona diestra** el lado madre/hijo se encuentra en la **mitad izquierda del cuerpo**. Este lado está relacionado con la propia madre, los hijos, o con personas y animales por los que se siente algo similar.

- El **lado derecho del diestro** es el lado de la pareja (esposo/a, socios, amigos, enemigos, mascotas, compañeros de trabajo, vecinos, parientes y todas las demás personas).

- Para el zurdo es justo al contrario.

Para los Programas Especiales relacionados con el aspecto territorial (por ejemplo: Mucosa gástrica) la lateralidad es especialmente importante, puesto que decide en estos casos en qué hemisferio del cerebro se desarrolla el conflicto y qué órganos reaccionan con un sentido biológico (SBS).

¿Eres diestro o zurdo biológico?

Para determinar cuál es tu lateralidad biológica puedes hacer el **test del "aplauso"**:

Consiste en que la persona aplauda manteniendo los brazos separados del tronco. La mano que dirige muestra la lateralidad. Si durante el aplauso se dirige la mano derecha hacia la izquierda, se trata de un diestro. En la mayoría de los casos la mano que dirige es la que está arriba.

Una segunda prueba por si aún hay dudas respecto a tu lateralidad consiste en hacer "**El test del bebé**".

En realidad, para este test no necesitamos un bebé, podemos usar una almohada. La persona tiene que estar de pie y colocar al bebé (almohada) sobre su pecho. Entregamos al "bebé" en posición neutral (vertical) y observamos si el paciente coloca la cabeza del mismo sobre su pecho izquierdo o derecho. Si el paciente coloca la cabeza sobre su pecho izquierdo, el paciente es diestro; si lo hace sobre su pecho derecho, el paciente es zurdo. Esto lo hacemos instintivamente para dejar libre la mano que utilizaremos para alimentar, acariciar o defender.

Situación hormonal

La situación hormonal se ve afectada según la **edad del paciente** y también si la persona está tomando anticonceptivos influye en el estado hormonal cambiando su comportamiento por que cambia el lado del cerebro que prima (imagina una balanza que cambia el peso al otro lado).

Como ejemplo, en la mujer la **menopausia** comienza entre los 45 y los 55 años. Mediante la reducción de estrógenos la mujer se vuelve en este período "hormonalmente masculina" su comportamiento tiende a la confrontación, notará que ya no se queda tan callada en algunos casos.

Durante esta fase "cambia" al lado derecho masculino del cerebro, en el caso de que no trabajara ya antes con el lado derecho por ser zurda (por un conflicto territorial).

Si la paciente se encuentra en la etapa de la menopausia y especialmente en caso de Programas Especiales del **"ámbito territorial"** (útero, recto, ano, vejiga, curvatura menor del estómago), debe considerarse que el origen de las dolencias pueda venir del "cambio cerebral".

Así es como los conflictos previos influyen en el **impacto de la balanza**, es decir del lado del cerebro que se ve impactado.

En este punto no parece tan sencillo de entender por qué me duele el estómago, sé que es complicado identificar por uno mismo qué otros conflictos pueden estar en el peso de esta balanza y para eso estamos los terapeutas en Biodescodificación, para acompañarte en el proceso, que el inconsciente pueda abrirse y mostrarnos qué otros conflictos puedan estar haciendo mover la balanza y así lograr con los protocolos terapéuticos el equilibrio que tanto anhelamos. Igual no desesperes, de estas páginas te llevarás una guía para aprender a identificar en tu caso particular qué situaciones estás viviendo por las que tu cuerpo te habla a través del dolor de estómago.

Breves ejemplos de conflicto de enojo territorial

Generalmente se dan cuando hay algún tipo de **agresión** en juego, ya sea la **propia rabia** o la de otra persona.

- Cuando hay disputas con el vecino por el **límite del terreno.** Recuerdo a mi papá discutiendo con mi abuelo, cuando este lo estaba ayudando a construir el muro perimetral de nuestra casa, enojándose porque nuestro vecino el "Sr. Leyes" había construido su muro algunos centímetros dentro de lo que ahora era nuestro terreno. Está situación percatada por mi abuelo lo llevaría a mi papá meses más tarde a contratar un agrimensor (mi tío) para efectuar una constatación de las dimensiones del terreno, en fin un conflicto que llevaría tiempo resolverse.

- Estás disputas también suelen reflejarse por constantes discusiones con la suegra o con un compañero de trabajo (si se percibe como su competidor).

- Uno se ve obligado a **someterse, a "dar su brazo a torcer".** En el ejemplo del muro, mi papá decidió al final dejar el muro del vecino sin derribarlo porque los costos del litigio serían difíciles de sostener como los costos sociales si se dejaba llevar por la ira/ enfado, mi familia estaba recién llegada al barrio y el "Sr. Leyes" era una persona influyente en nuestra comunidad.

Quizás esta situación fue un ejemplo inconsciente para mí, recuerdo ahora haber sufrido gastritis luego de haber discutido con mi esposo porque yo no quería viajar en una lancha rápida con mi bebé lactante en nuestras vacaciones, luego de habernos transportado en avión por 3 horas, en auto por los morros de Brasil por otras 3 horas y el último tramo del viaje consistía en abordar esta lancha por 30 minutos hasta llegar a una isla dónde se encontraba el hotel. Recuerdo las palabras textuales de mi esposo *"no pasa nada"* y mi enojo encubierto por miedo antes de subirme a la embarcación, di el brazo a torcer para no discutir frente a otras personas y no arruinar las ansiadas vacaciones, ya estábamos ahí, luego comenzaron los síntomas. En mi mente lo vivía con el sentir de: *"no respeta lo que le digo: no quiero subirme a esta embarcación con mi bebé pequeño"*. Este evento me hizo acordar a otro viaje de adolescente con mi papá en Brasil también, donde sentí que no escucho lo que le dije, mi necesidad imperiosa de ir al baño, se demoró en detener el automóvil en la una estación de servicio (no escuchó mi urgencia) y yo no enfatice mi urgencia (me sometí) por vergüenza frente a mis hermanos y mi madre. Yo en esa ocasión tenía estreñimiento y al ingresar al baño de la estación de servicio evacue con diarrea lo que varios días venía acumulando con enojo por estar fuera de mi territorio (mi casa). Aún hoy recuerdo salir del baño y escuchar las burlas.

- Cuando las **reglas existentes son ignoradas**. En el caso de una mujer recién casada, que vivió sola unos años y al convivir con su esposo y su hijastra se encuentra con que la cocina y el baño están sucios y tampoco se respetan los horarios de descanso: conflicto de enojo territorial. Tras

unas semanas se soluciona el conflicto cuando discute con su esposo sobre el enojo que siente al ver los platos sin lavar, ella le dice la frase *"quien cocina no lava"* (que ella tiene internalizada como creencia) y él se compromete a respetar esa regla e incentivar a su hija a participar de la limpieza. Desde entonces puede tomarse la situación con más calma. Durante la fase de reparación o en la crisis de reparación la paciente siente ganas de vomitar.

Antes de continuar con más ejemplos es necesario hacer un breve repaso general desde la mirada de la biodescodificación.

Cuando una persona presenta un conflicto de enojo territorial, se refleja en el cuerpo con pérdida celular en la mucosa gástrica. Repetidas veces sentirá un ligero ardor (síntoma de fase activa) y al vivir una situación, viaje o accidente donde el paciente no tenga la culpa, pero a pesar de ello vuelve a salir de su subconsciente el sentirse "como no respetan lo que digo" (a esto lo llamamos recidiva) puede desde ese último incidente sufrir una fuerte acidez de estómago (fase activa). El paciente podría estar constantemente en ligera actividad de conflicto, si vive a diario una situación tras otra que le genera enojo vivido con sentir de *"no me respetan o no escuchan lo que digo o quiero"*; el sentir interior es siempre el mismo y se presenta con los mismos síntomas en el cuerpo: *"El cuerpo no miente, tiene memoria".*

Conflicto activo

Al producirse un evento que se vive como estresante (dramático, sin solución, ni expresión, vivido en soledad) y al no encontrar una solución inmediata, el cuerpo lo descomprime a través del Tejido de la Mucosa gástrica, pequeña curvatura (tejido epitelial – capa Ectodermo).

En la primera fase de la enfermedad o síntoma, denominada activa (en la capa de ectodermo) se produce:

- **pérdida celular** en la zona en cuestión del tejido epitelial-mucosa gástrica.
- Mientras más dure el conflicto, mayores serán los daños en el tejido (**úlcera**),

- **dolores** porque hay más sensibilidad,
- acidez.
- Con parálisis de la musculatura estriada inferior, por ello mayor lumen del estómago.
- Hay **menor función** e
- inapetencia o se prefiere no comer (por ulceración de la curvatura menor),
- hiporexia o anorexia.

¿Cuál es el sentido que la naturaleza le otorga al dolor de estómago?

Este aumento del volumen (por pérdida celular en la zona) y del espacio de acceso al estómago, habilita mayor cantidad y paso de alimentos que se convierten en **más energía** para "combatir" el enojo territorial.

El Sentido Biológico (SB) es que el aumento de la sensibilidad le permite a la persona sentir mejor lo que es digerible y lo que es **indigerible** (lo que es nauseabundo y perjudicial para su sobrevivencia). Recordemos que el cerebro reacciona e interpreta como peligrosa esta situación.

SB: Aumento del volumen y del acceso al estómago para dar paso al bocado.

Solución al conflicto

Si la persona encuentra una solución al conflicto, ya sea una solución propia o externa, dada desde afuera, la enfermedad evolucionará a la <u>**segunda fase de reparación**</u>/curación o denominada vagotonía con la recuperación del tejido epitelial-mucosa gástrica (relleno de la zona ulcerada).

En la primera etapa de la reparación (también conocida como PCL-A), puede presentarse:

- sangrado de la úlcera que colorea las heces de rojo oscuro,

- gastritis (inflamación de la mucosa gástrica) o
- carcinoma gástrico.
- Se siente hambre, pero con poco que se coma ya se encuentra pleno el estómago (saciedad rápida).
- Puede producirse en esta etapa una úlcera péptica hemorrágica, en su caso te darás cuenta por las deposiciones en color negro (por la sangre oculta en las heces).

La fase de vagotonía tiene dos etapas, en el medio de ambas etapas (PCL-A y PCL-B) se produce la denominada Crisis épica o de reparación. En esta **<u>crisis de reparación</u>** puedes identificar:

- fuerte dolor de cólico,
- hemorragia fuerte (deposición negra)/ sangrado (hematemesis y melenas),
- pérdidas de conciencia,
- colitis estomacal,
- en su caso escalofríos.
- También vómitos ocasionales,
- dolor y espasmos fuertes.
- Puede presentarse crisis de ausencias, como un desmayo o situaciones de olvidos pasajeros, estás situaciones donde nos quedamos parados en medio de la habitación pensando *"qué estaba haciendo o que vine a buscar en este lugar"*.

Si alguno de estos términos mencionados te resulta difícil de comprender más adelante los definiré con mayor detalle.

Aunque en esta etapa o fase de la enfermedad sientas un retroceso en realidad ya estás en la fase final de la curación, pronto a volver a la normalidad o fase de normotonía, hasta que vuelvas a vivir un conflicto con la misma tonalidad o sentir. Para evitar caer en recidivas es sumamente importante encontrar el conflicto inicial o programante en la infancia, aquí es donde debes acudir a un acompañante terapéutico en Descodificación Biológica, cuenta conmigo para ayudarte en este proceso. También el conflicto programante puede estar en el momento de la gestación, es decir que lo hayas vivido a través del sentir de tu madre en el embarazo. Y en ocasiones el conflicto inicial no es tuyo, lo vivió algún antepasado, memorias transgeneracionales, por ello es valioso revisar el árbol genealógico, para encontrar pistas y devolver el conflicto a su verdadero dueño. Cómo también cuando sea posible, dar solución real para que se regenere la mucosa gástrica.

Algunas de las **preguntas** que solemos revisar con los pacientes y te serán de utilidad para que comiences a registrar en un diario personal o notas en tu móvil son:

- ¿Desde cuándo se presentan los síntomas? Para reconocer si el conflicto tuvo lugar poco antes o justamente durante los síntomas.

- ¿Qué te causaba estrés durante la acidez? Tienes que revisar todas las situaciones recientes.

- ¿Fueron los primeros síntomas en tu vida? En caso negativo, analizar la situación en aquel tiempo. Para encontrar el conflicto territorial inicial o programante. Aquí de nuevo es muy difícil que una persona pueda encontrar por sí sola ese primer evento, el inconsciente suele esconderlo, porque fue muy doloroso, pero lo que recordemos nos irá dando más pistas hacia el tesoro.

- ¿Qué te caracteriza de tal modo que tales situaciones te enfurezcan?

Cómo lo mencionaba más arriba las experiencias de la infancia, embarazo, experiencias de los padres, las cuales inconscientemente son tuyas también. Hay que buscar analogías con los antepasados para estar consciente de ellas (creencias en mi familia, dogmas).

- Preguntarte si estás dispuesto a salir de esa situación. Como terapeutas no juzgamos, cada persona tiene su propio tiempo para salir de esa situación, es un camino de evolución o trascendencia.

En definitiva, la solución central es **buscar dónde se encuentra el amor**. Hacer un análisis interior a través de preguntas de <u>autocuración</u>:

- ¿Dónde me siento amada, por mí misma, con los dones y talentos que Dios me da?

- ¿Sé aprovechar mis dones para darme amor propio?

También puedo trabajar **cómo es el enojo en mi vida**, puede serte útil pegar un papel en el espejo del baño o la habitación que ves a diario con alguna de estas frases:

- *"Ya no hay enojo en mi corazón, soy libre"*
- *"No hay nada que pueda alterar mi paz, soy dueña de mi actitud"*.

Plantas medicinales para acompañar la reparación

Hay <u>**remedios naturales**</u> que pueden ayudarte a paliar los síntomas pero recuerda que no son la cura debes tratar **el origen emocional** para sanar desde la fuente, sólo quiero adelantarte que confíes en tu instinto. En el pasado he tomado infusión de hojas de frambuesa para tratar mis fuertes dolores al menstruar, sin saber de su gran utilidad para el dolor de estómago, la naturaleza es sabia, hay que estar despiertos y abiertos, llegaron a mi estas hojas estando en una gran ciudad a mil kilómetros de mi hogar, pude comprarlas por una plataforma de ventas donde conocí a quien hoy es mi maestra en fitoterapia, Silvina Pardias, y aún más asombroso es que un tiempo después descubrí que en la casa de mi papá había crecido una planta de frambuesa. Mi fascinación sigue creciendo cada día, mi niña interior curiosa se deja oír, en realidad le estoy dando permiso para que se exprese.

¿Cuál es el mecanismo de acción de las plantas?

Con la mirada de la Fitoterapia podemos conocer que **nuestro cuerpo lee, codifica y aprende del lenguaje de las plantas.** Estas son portadoras de millones de años de evolución y de adaptación a los más diversos y cambiantes escenarios. Además, nos aportan oxígeno y nutrientes importantísimos.

¿Sabías que la clorofila tiene características que son muy similares a las células rojas de la sangre humana o la hemoglobina?

"Su composición es casi idéntica, y la única diferencia radica en que el átomo central de la hemoglobina es de hierro, mientras que las moléculas centrales de las plantas tienen un átomo de magnesio."[7]

. La **clorofila** de las plantas es el pigmento de color verde que absorbe la energía del sol y habilita la fotosíntesis.

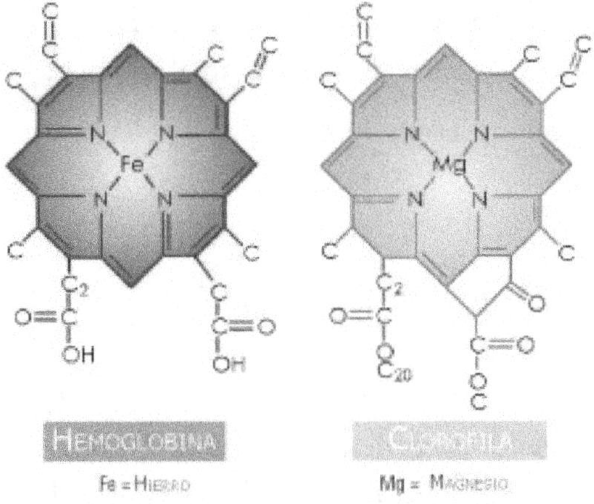

- Tiene **estructura molecular idéntica** a la **hemoglobina**, proteína de los glóbulos rojos de nuestra sangre que transportan el oxígeno y el dióxido de carbono.

- Su átomo central es de **Magnesio**, mientras que el nuestro es el **Hierro**.

Ambas moléculas son esenciales para la vida. Los glóbulos rojos de la sangre contienen una proteína llamada hemoglobina, que transporta el oxígeno desde los pulmones hasta las células de todo el cuerpo y, además, hace el viaje de regreso cargada con el dióxido de carbono que nos sobra desde las células hasta los pulmones para ser expulsado al exterior. Mediante ese proceso nos mantenemos vivos. De ahí la importancia de la hemoglobina para todo el ciclo vital. Si en algún momento nos falta oxígeno, aunque sea durante un tiempo muy breve, nuestra vida se apaga.

La clorofila es un pigmento de color verde que participa en el proceso de la fotosíntesis mediante el cual las plantas absorben la energía solar para producir sustancias orgánicas, como los hidratos de carbono, a partir de dióxido de carbono y de agua. En la reacción se desprende oxígeno. La fotosíntesis constituye el proceso fundamental de la vida sobre la Tierra, además de ser el origen del oxígeno atmosférico. La importancia de la clorofila se acrecienta al poner de manifiesto que las demás formas de vida (animal, humana) dependen directa o indirectamente de las plantas.[8].

Paico

Por la anterior similitud no puedo evitar compartirte que el **Paico** (Dysphania ambrosioides[9]) es tradicionalmente usada para el empacho y otros trastornos digestivos y estomacales, en gastritis y favorece la expulsión de los gases desarrollados en el tubo digestivo. Es de amplia distribución y uso en: América del Sur y Central.

Nombres populares: paico, ambrosía, yerba de Santa María, té de los jesuitas, apasote y epazote (Centroamérica), té de Méjico.

Imagen de Epazote, paico[10]:

Observa las plantas que te rodean, la naturaleza nos provee. Es cuestión de agudizar la mirada. Dicen que las plantas que crecen a nuestro alrededor son las que necesitamos.

Jengibre

No está demás utilizar el **jengibre** para el estómago y su acción para evitar los molestos mareos del viajero. Es un analgésico natural (simpaticotónico)[11].

Jengibre[12] (Zingiber officinale)

• Se utiliza la raíz.

• Antimicrobiana, antiespasmódica,

• carminativa (quiere decir que elimina gases, el dolor y la distensión intestinal, regula la digestión, aumenta la absorción y promueve el peristaltismo intestinal normal),

• colagoga (estimula la liberación o expulsión de bilis retenida en la vesícula hacia el intestino delgado),

• hipoglucemiante (que colabora en reducir la glucosa en sangre),

• laxante,

• regenera mucosa estomacal,

• tónico digestivo, vascular y musculatura intestinal, vasoconstrictor y antiagregante.

• Aporta calor, sudorífica y expectorante en enfriamientos.

• Ayuda a calentar y estimular estómago, pulmones y riñones.

• Funciona muy bien en mareo del viajero y náuseas de la gestante.

• Se utiliza para prevención y tratamiento de úlceras digestivas.

Aloe

Si tienes a mano una plantita de **aloe** (la de pintitas blancas) te ayudará con los síntomas de acidez del estómago y puede ayudarte con el apetito utilizar pedazos del gel en un licuado (sin el acíbar). Para quitar el acíbar hay que enjuagar bajo la canilla.

Muchas personas tienen muy buenos resultados, porque ayuda a calmar las mucosas del estómago y las úlceras.

Para saber si puedes consumir el acíbar del aloe realiza la prueba del antebrazo antes de ingerirlo para ver si te produce o no irritación o sensibilidad.

Aloe vera o Sábila [13]

• Se utiliza la hoja

• 2 partes de la hoja: látex o acíbar amarillento y amargo; y pulpa o gel parecido a una gelatina.

• Actividad antibacteriana (que nivela población de bacterias), anestésica, cicatrizante, balsámica, antimicótica y antiparasitaria, antiviral, laxante y purgante, digestiva, acción analgésica, antiinflamatoria y antipirética.

Llantén

Y en cuanto a desarmonía intestinal el **Llantén** es una caricia para el tubo digestivo, muy útil para diarreas y estreñimiento, aunque parezca contradictorio la semilla al entrar al tubo digestivo sabe qué hacer, si nuestro cuerpo necesita que actúe para armonizar una diarrea o un estreñimiento, confía en la sabiduría que lleva dentro la semilla.

Llantén (Plantago mayor)

• SEMILLAS: grandes mucílagos que actúan como emoliente intestinal; contiene flavonoides y taninos astringentes. Suaviza la pared inflamada del tubo digestivo (diarreas) y al mismo tiempo actúa como laxante (constipaciones). Absorbe exceso de líquidos cuando hay inflamación y lo lubrica.

Activar las semillas previamente en agua o caldo (nunca en seco).

• HOJAS Y SEMILLAS: se utiliza en desarmonías gastrointestinales: diarrea, irritación del tubo digestivo, hemorroides y estreñimiento, también en úlceras.

Además del uso medicinal de las plantas, es importante incorporar el hábito de masticar abundantemente, disfrutar de la comida y "desacelerar" a través de la meditación de silencio u oración contemplativa, darte un tiempo un espacio para vos para mimarte. En los capítulos siguientes profundizaremos en estos hábitos saludables.

Retomamos con la revisión de los síntomas según la medicina germánica muy bien descritos en la página web: www.germanische-heilkunde.at [14]

Órgano del estómago: síntomas según la medicina germánica[15]

El estómago con su tejido glandular tiene el trozo como "contenido conflictivo" (asignación **involuntaria** de pensamiento). La curvatura menor del estómago (zona en color rojo de la siguiente imagen) está revestida por epitelio escamoso, que se controla desde el área territorial de la corteza cerebral.

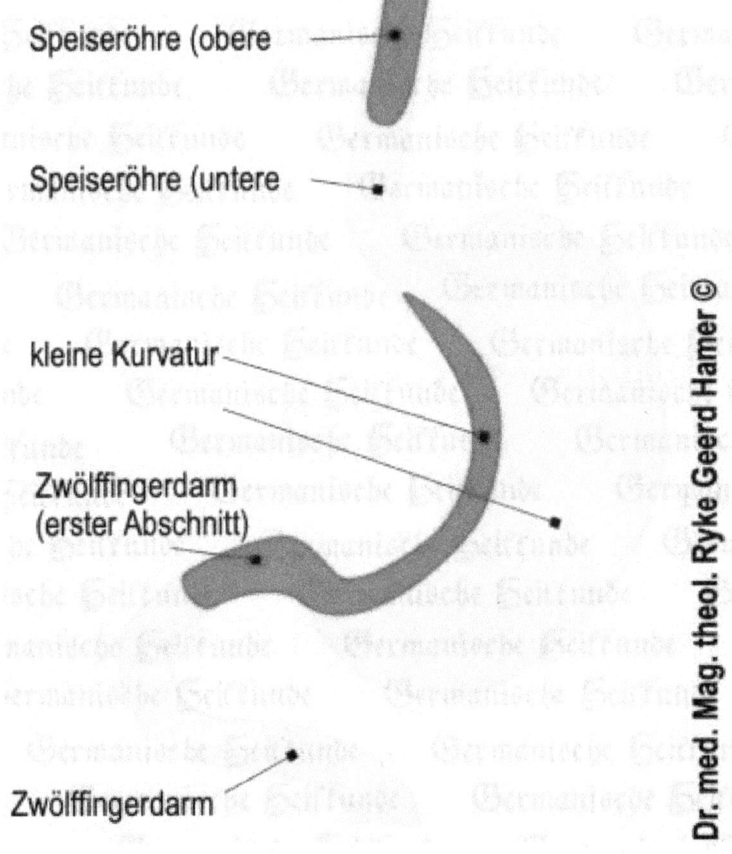

Contenido conflictivo

En el momento del DHS (Síndrome de Dirk-Hamer, Conflicto Biológico) **las asociaciones se producen de forma involuntaria.** Este <u>contenido conflictivo asociado</u> (ira, preocupación, autoestima, separación, territorio, etc.) determina **la localización** del foco de Hamer **en el cerebro** y, por tanto, la **enfermedad orgánica** (unidad individual e inseparable de psique-cerebro-órgano). Antes de que lo pienses, ya se han determinado el SBS y los raíles (ejemplo en alergia). Tenemos este mecanismo en común con los animales. El Programa Especial Biológico Sensible que se ha iniciado ahora ayuda a solucionar la causa y ¡no es malo!

*En el momento del conflicto **las asociaciones se producen de forma involuntaria.** Este contenido conflictivo asociado de ira por el territorio determina **la localización en el cerebro** y, por tanto, la **enfermedad orgánica.** El programa biológico ayuda a solucionar la causa.*

Definición de algunos términos más frecuentes:

Vomitar

El vómito suele ser la crisis de reparación de la curvatura menor del estómago, el duodeno y el píloro.

Los vómitos son la contracción espasmódica de la musculatura del estómago con el objetivo de evacuar algo que el órgano **no tolera** y que suele ocurrir en la crisis épica. En este caso hay más actividad a nivel muscular para ayudar a **eliminar algo indigesto.**

Según Ángeles Wolder se trata de un conflicto vivido de: **"Obligación con sensación de contrariedad".**

Te invito a buscar alguna situación que hayas vivido justo antes del vómito. En estos momentos se me viene a la mente el último vómito de mi hijo de 9 meses, y *si nuestros hijos pequeños son un reflejo o espejo de lo que sus padres viven*, en este caso recuerdo que la situación ocurrió al inicio de nuestro viaje a Irlanda para visitar a la familia de mi esposo. El día siguiente al vuelo de llegada a Belfast, en una departamento rentado por una semana, durante las primeras dos noches vomitó mi bebé en nuestra cama, a mitad de la noche. Mi sentir del conflicto es el haber estado en un lugar que no quería (por tener alfombras) y se soluciona al cambiarnos de departamento junto a otros síntomas como conjuntivitis de ambos, de mi bebé y mía. En ese momento, si bien podía darme cuenta que estaba en un lugar obligada, solo podía vivir esa situación de estrés y cuidar a mi bebé, hoy al haber pasado varios días puedo ver a la distancia qué fue lo que no pude procesar como mujer adulta y mi bebé lo paso por su cuerpo en forma de vómito. Me llevo este aprendizaje para entender o poner conciencia sobre las situaciones que viven mis hijos y poder revisarlas en mí y así evitar la recurrencia en ellos.

Los hijos pequeños son espejo de lo que sus padres viven.

Gastritis

La gastritis es la cicatrización de la curvatura menor del estómago, el epitelio escamoso y el esquema de la mucosa faríngea. La causa es la situación vivida por la persona con sentir de ira territorial masculina o el conflicto de identidad femenina.

Helicobacter pylori

En la medicina convencional se sospecha que Helicobacter pylori (bacteria) causa úlceras de estómago. Sin embargo, la úlcera de estómago es una mucosa epitelial escamosa y se ulcera en la fase activa de conflicto. Durante la fase de curación, la úlcera se vuelve a llenar de hinchazón, pero sin microbios...[16]. Sin embargo, las bacterias ciertamente pueden reaccionar durante la fase de curación si el tejido conectivo también ha reaccionado, por ejemplo en el caso de una úlcera profunda.

El **lema de Helicobacter pylori** sería:
"Solo llegarás a lo superior rompiendo las barreras de la territorialidad, de la materia, de lo que es ilusión" (Enrique Bouron).

Helicobacter pylori es un bacilo Gram negativo en forma de espiral y actúa esencialmente en patologías ulcerativas de la mucosa estomacal (gastritis del antro y otras ulceraciones gástricas), del duodeno y en el carcinoma gástrico. Tiene mucha similitud con los Campylobacter.

Desde el punto de vista de la decodificación biológica, la reclasificación de los Campylobacter en Helicobacter y Arcobacter tiene mucho sentido.

Todos estos bacilos producen esencialmente diarreas y participan en infecciones.

El tejido en el que normalmente actúan son las mucosas, es decir, tejido ectodérmico por lo que son activados por conflictos de contacto, de separación y, especialmente, de territorio. Si bien la sintomatología presenta muchas similitudes, el reconocimiento del bacilo actuante nos permite **diferenciar el tipo de territorio que es fuente del conflicto:**

- en el caso del Campylobacter, es territorio terrestre;
- **en el del Helicobacter, es territorio aéreo o paterno;**
- y en el del Arcobacter, es territorio acuático.

*En términos simbólicos, tanto el Campylobacter como el Arcobacter tienen relación con lo femenino, lo material, lo alimenticio, lo terrenal, lo emocional, mientras que el **Helicobacter con lo masculino, lo superior, lo que está alto, las aspiraciones, lo intelectual.***

Si bien la denominación "Helicobacter pylori" se refiere a "bacteria espiralada o helicoide que se aloja en el píloro", la decodificación del nombre de esta bacteria ha resultado muy precisa en varios casos:

"helico" ('hélice') o "Helios" (dios griego del sol),

"back" (*'de regreso'*, *'retroceso'*),

"ter" (*'territorio' o 'tierra'*),

"pylori" (*del griego: 'llave' o 'guardabarreras'*).

Además, su capacidad de generar amoníaco a partir de la ureasa nos da más pistas:

"amoníaco" se refiere al dios Amón (el padre o la autoridad) y al "marcado de territorio (orina) que hacían los mercaderes a camello en las paredes del templo de Amón".

En este caso el amoníaco no pertenece al tracto urinario, sino que está en el antro pilórico, como guardián de los límites del territorio especialmente alimenticio (o de lo que nos es propio, la propiedad).

El Conflicto de contrariedad indigesta[17] es en relación con el territorio, más precisamente **en la lucha por el espacio de "más arriba"** (en el escalafón de la empresa, por ejemplo), por obtener la autoridad disputando los límites o fronteras del territorio con alguien que tiene o suele tener más autoridad que uno en las decisiones (en mi caso suele ser con mi esposo cuando yo creo que decide por mí, cómo lo hacía mi padre en la infancia) o con el jefe del territorio vecino. Es como querer uno mantenerse en lo alto (aire) y sentir que lo quieren bajar de allí. La disputa, por lo general, no es abierta, sino que ocurre dentro de un marco circunscripto, un grupo de personas muy definidas.

Sangrado estomacal

El sangrado gástrico es la crisis que sigue a una ira territorial (vivido en sentido masculino) o un conflicto de identidad (vivido en sentido femenino), que afecta la curvatura menor del estómago (mucosa epitelial escamosa). Esta crisis progresa con epilepsia gástrica, dolor (patrón faríngeo-mucoso) y ausencia.

El **Patrón faríngeo-mucoso o Modelo Gaznate** (capa: Ectodermo) lo describe Ángeles Wolder cuando se refiere al:

- **Dolor e hipersensibilidad** que se presentan en **Fase Activa** de la enfermedad (FA: ulceración con hiperestesia y dolor con mayor actividad nerviosa.) y en la **Epicrisis** (CE: hiperestesia con dolor agudo e intenso de corta duración con posibles crisis de ausencia).

- En cambio en la Fase de Reparación, Post Conflictolisis A (PCL-A: relleno con inflamación, sangrado, disminución de la sensibilidad y entumecimiento) y Post Conflictolisis B (PCL-B: entumecimiento) hay **hiposensibilidad y entumecimiento**.

Perforación gástrica

La perforación gástrica se produce después de una masa de conflicto correspondientemente grande en la crisis epiléptica (CE) de la curvatura menor del estómago. Después de una **ira territorial resuelta** (percibida con sentir masculino) o un conflicto de **identidad resuelto** (percibido con sentir femenino).

Úlcera estomacal

La úlcera péptica siempre ocurre en la curvatura menor del estómago, que está revestida por mucosa epitelial escamosa. Por eso la úlcera de estómago no puede tener nada que ver con el ácido del estómago, que lógicamente proviene principalmente del fondo del estómago. La causa es más bien una ira territorial activa (masculina) o un conflicto de identidad (femenino).

La **úlcera péptica** *"es una llaga de la mucosa que recubre estómago o duodeno ante conflictos recidivantes o en curación pendiente"*[18]. Según la medicina alopática, es producida por exceso de ácidos, por infección bacteriana (Helicobacter pylori) o por uso de medicamentos que provocan ardor o dolor de estómago entre comidas o a la noche.

Como ejemplo cita en su libro Ángeles Wolder el caso de acidez diaria en un hombre de 64 años que convive con su mujer y su cuñada con la que cada día tiene una discusión. *"No puedo evitar verle en **mi casa y no la soporto**."*

Se trata de un conflicto de contrariedad indigesta **y esperar algo que no llega**. En este caso se puede interpretar que "lo que no llega" es que la cuñada deje de vivir con ellos.

Otro breve ejemplo de **Úlcera estomacal** en hombre joven considerado como un ejecutivo agresivo que afirma: *"Todo el día lucho con los otros que quieren apropiarse de mi segmento de mercado."*

Cólico gástrico

El cólico gástrico es la crisis (crisis epiléptica de los músculos estriados + ausencia + dolor) tras una ira territorial masculina o un conflicto de identidad femenino, que afecta a la curvatura menor del estómago.

Cáncer de estómago

Cuando el diagnóstico es de cáncer de estómago, hay que volver a preguntar: ¿Es la úlcera del epitelio escamoso de la curvatura menor o el adenocarcinoma del tejido glandular? Se trata de dos tipos diferentes de tejido y, por tanto, de conflictos biológicos diferentes.

Dolor de estómago

La curvatura menor del estómago está revestida por una mucosa epitelial escamosa (grupo rojo: ectodermo), que pertenece al llamado esquema de mucosa faríngea. El esquema faríngeo-mucoso duele en la fase activa del conflicto (ira territorial o conflicto de identidad) y duele en la epicrisis.

A diferencia del Programa Especial con Sentido Biológico (SBS) del tejido glandular (grupo amarillo: endodermo), por el contrario, a menudo puede ser indolora.

Engrosamiento de la pared del estómago

En el tejido glandular (grupo amarillo) tenemos proliferación celular en la fase activa de conflicto después de un conflicto parcial. Si el objetivo biológico es **digerir** el trozo atascado, se crea un tumor parecido a una coliflor (cualidad secretora). Si el objetivo es poder **absorber** mejor el trozo, se forma un tumor de crecimiento plano (calidad de resorción). El engrosamiento de la pared del estómago se trata de un trozo que desea absorber pero no puede.

Acidez

La curvatura menor del estómago está revestida por epitelio escamoso, que pertenece al esquema faríngeo-mucoso (dolor en fase activa y en epicrisis). La causa es una ira territorial o un conflicto de identidad.

La acidez es *"la sensación **de ardor y dolor en abdomen**, pecho o garganta que ocurre cuando el ácido estomacal hace **reflujo** hacia el esófago. Se origina en curvatura menor del estómago que puede ascender a cardias cuando se nota en la parte alta de esófago"*[19].

Náuseas

Las náuseas suelen ser reflejo de una ira territorial activa o un conflicto de identidad que afecta a la curvatura menor del estómago (epitelio escamoso).

Palabras y expresiones relativas al estómago:

Quizás puedas empezar a escucharte con más atención en tu forma de hablar para identificar cómo vives. En mi caso como terapeuta prestó especial atención al diálogo de mis pacientes cuando se refieren a situaciones que están viviendo (conflicto aún activo, en el presente) o vivieron (conflicto en resolución, en pasado) para luego hacerles las preguntas indicadas a cada caso.

El estómago habla de "**palabras claves**" referidas a:

- Admitir,
- digerir,
- mezclar/ mezclado,
- combinar,
- procesar,
- revuelto,
- tolerar,
- disentir,
- consentir,
- llenar,
- vaciar, vacío,
- desmenuzar[20].

Algunas de estas palabras variarán en función al idioma del paciente y a la idiosincrasia de su lugar de origen, te invito a agregar a este listado tus palabras claves relativas al estómago. En mi caso, suelo usar al hablar de que "no puedo **procesar** una situación" o "aun lo estoy procesando" y me río de mí misma porque no fue casualidad que trabajé muchos años en el sistema financiero en el área de "procesos". También suelo decir "tengo emociones **mezcladas**". Y padecí muchos años en ese tiempo también **intolerancia a la lactosa**. Tampoco fue casualidad que no podía tolerar lo que me había hecho mi expareja. En realidad, es que vivía a diario situaciones que en mi forma de ser, estar y pensar que "no toleraba", pequeñas y grandes situaciones laborales, personales y sociales. Hoy en día me es más fácil mirar atrás y reconocerlas pero, no dejo de sorprenderme. Algunos dirán "casualidad" yo creo en la Providencia divina, por algo hoy estoy escribiendo estas líneas, confío en que van a llegar a las personas que necesitan sentirse acompañadas y anhelo desde mi corazón que puedan sanar a través de estas experiencias recopiladas.

También puedes prestar atención a las **expresiones** que utilizas como ser:

- engañar al estómago,
- se me revuelven las tripas,
- tengo el estómago dado vuelta,
- me asquea,
- hace falta estómago para tolerar las injusticias,
- estómago resfriado (significado: no guarda un secreto).

Escuchar "cómo hablas a otros" o "cómo te hablas" cuando te refieres a lo que sientes en tu interior te permitirá primero "**darte cuenta**", cosa no menor, y luego poder "conocerte" mejor para lograr revertir ese sentir. Al principio te darás cuenta luego de un tiempo, pero con la práctica lograrás darte cuenta en el mismo momento que lo estas sintiendo, viviendo, escucharas a tu cuerpo hablar, no para frenarlo sino para permitir que se exprese y ese dolor, ese conflicto no quede anclado con estrés negativo porque así es que vienen los síntomas de la enfermedad, como veremos en los casos siguientes.

Después de haber revisado estos términos, palabras y expresiones podemos avanzar con algunos casos más en profundidad.

Caso de Gastritis[21]

Gastritis[1]: (inflamación del revestimiento del estómago con vómitos[2])

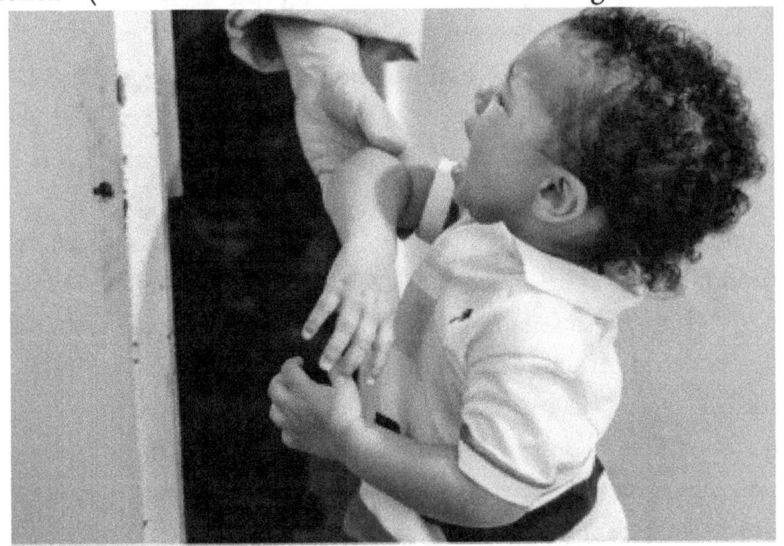

<u>Descripción del caso:</u>

Este caso no puede ser más bonito y comprensible y espero que ayude a otros que aún no están muy familiarizados con la medicina germánica.

Hombre, 4 años, diestro.

El día 16 de enero de 2013 aproximadamente a las 15:30 horas ocurrió lo siguiente:

"Mi esposa llega a casa con nuestro hijo. Como había nieve fresca, naturalmente él quería jugar afuera en la nieve de inmediato. Saltó del coche e inmediatamente corrió hacia el prado de enfrente. Mi esposa quería que primero se pusiera un traje para la nieve y luego podría jugar. Cuando la madre llamó al niño para que se pusiera el traje de nieve, él

---

1. https://germanische-heilkunde.at/category/gastritis/

2. https://germanische-heilkunde.at/category/erbrechen/

no se vio afectado en absoluto. Actuó como si no hubiera escuchado nada.

Entonces la madre no tuvo más remedio que recuperarlo. Cuando miró a su alrededor, él ya no estaba. El juego de ir a buscar y huir, fue de ida y vuelta unas 3 veces y ni siquiera pensó en ponerse el traje de nieve. Cuando se enojó, su madre lo amenazó: "*Si no te portas bien, te irás a tu habitación*". Esta amenaza finalmente se hizo realidad. Algún tiempo después le permitieron salir nuevamente de su habitación.

Durante toda la tarde no pasó nada extraño y cuando se fue a la cama por la noche (19:30 horas) todo fue normal (en retrospectiva, se durmió más rápido de lo habitual). A las 21:30 de repente escuchamos **ahogos y lamentos**. Cuando entré a su habitación, estaba **vomitando**. Después de ducharse y limpiar la cama, le permitieron acostarse con nosotros. Estaba **helado** y tenía **escalofríos**, pero se volvió a dormir muy rápidamente. Después de aproximadamente media hora, el mismo juego. Descansar, ducharnos, limpiar la cama y volver a quedarnos dormidos muy rápido para nosotros.

Este escenario se repitió dos veces más, alrededor de la 1 y 4 de la madrugada. Durante este tiempo siempre tenía **frío y tenía ligeros escalofríos** a veces durante los vómitos y después.

Por la mañana tenía mucho calor (temperatura alta) y **estaba cansado**, así que decidí quedarme en casa con él ese día. Si desea aprovechar la opción del seguro médico para quedarse en casa con un niño enfermo, debe ir al médico para obtener una nota de enfermedad para el niño. Lo examinó y le diagnosticó **gastritis**[3].

Por supuesto, el médico me explicó qué podía hacer al respecto. Existe la opción de un óvulo o un jugo. Como me conoce y conoce mi actitud, también me presentó la opción, como suelo elegir en estos casos, ¡de no hacer nada!, y lo expresó muy amablemente "*En este caso, usted puede hacer lo mismo que usted y yo [doctor] lo haría también, no haría nada y acostaría al niño*".

---

3.   https://germanische-heilkunde.at/category/gastritis/

Al día siguiente estuvo muy cansado hasta las tres de la tarde y durmió mucho. Por la tarde empezó a ponerse "travieso" otra vez, y ahora sabíamos que volvía a ser nuestro pequeño y sano bribón.

Al ser desterrado a su habitación debió sufrir un conflicto territorial.

Le hubiera gustado tener su territorio afuera en la gran pradera blanca y su madre limitó su territorio a su habitación. Probablemente estaba molesto por eso.

Se cumplieron los tres criterios:

- Fue extremadamente agudo y dramático para él (tenía muchas ganas de jugar afuera).

- También fue un aislamiento para él (papá no estaba allí, quién hubiera dicho que lo dejaran en paz, que vendrá cuando tenga frío)

- Lo tomó desprevenido (no esperaba que mamá cumpliera la amenaza)

Fase activa: Úlceras (rotura de tejido), se producen agujeros en la mucosa del estómago (en la zona roja del gráfico del estómago)

Síntomas: no se notan síntomas visibles en el niño en esta fase.

Fase de curación[4] + crisis[5]: se rellenan los agujeros de la mucosa del estómago + vómitos[6] en la fase de crisis[7] épica.

Síntomas: Debe haber resuelto el conflicto al final de la tarde o al anochecer porque, en retrospectiva, se durmió más rápido de lo normal

---

4.   https://germanische-heilkunde.at/die-heilungsphase/

5.   https://germanische-heilkunde.at/die-krise/

6.   https://germanische-heilkunde.at/category/erbrechen/

7.   https://germanische-heilkunde.at/die-krise/

cuando se acostó. La fatiga es un síntoma de la fase de curación[8] o reparación.

Los vómitos[9] fueron la crisis[10]. La segunda parte de la fase de curación[11] (PCL-B) volvió a mostrar signos de fatiga.

Helmut, todavía tengo una pregunta y necesito tu ayuda. Durante los vómitos y durante algún tiempo después, también tuvo ligeros **escalofríos**. ¿Esto es parte del programa de ira territorial o también tuvo un conflicto motor al coger o tener que entrar a la habitación y no poder escapar?"

<u>Respuesta del caso:</u>

"Muchas gracias por la descripción tan meticulosa del conflicto de su hijo. Usted observó bien y describió con precisión las fases de curación antes y después de la crisis[12]- y la crisis misma ("helada"...).

Como técnico, siempre me sorprende esta regularidad biológica que muestra el Dr. Hamer[13] descubrió.

Durante la fase activa[14]- que sólo duró unas horas - habrá tenido **dolor de estómago** (patrón faríngeo-mucoso[15]). En la crisis[16] epileptoide (epitelio escamoso mucoso) la ausencia y nuevamente dolor[17].

Los escalofríos son la crisis[18] epiléptica (músculos estriados). Aquí reaccionó la parte muscular estriada de la curvatura menor del

---

8.   https://germanische-heilkunde.at/die-heilungsphase/

9.   https://germanische-heilkunde.at/category/erbrechen/   .

10.   https://germanische-heilkunde.at/die-krise/

11.   https://germanische-heilkunde.at/die-heilungsphase/

12.   https://germanische-heilkunde.at/die-krise/

13.   https://germanische-heilkunde.at/ryke-geerd-hamer/

14.   https://germanische-heilkunde.at/die-konflikt-aktive-phase/

15.   https://germanische-heilkunde.at/schlund-schleimhaut-schema/

16.   https://germanische-heilkunde.at/die-krise/

17.   https://germanische-heilkunde.at/schmerzen-in-verschiedenen-phasen/

18.   https://germanische-heilkunde.at/die-krise/

estómago o, como se sospecha, los músculos esqueléticos (incapaces de escapar) o quizás incluso ambos.

En cualquier caso, ¡los músculos estriados deben haber reaccionado a los escalofríos!".

Personalmente creo que este caso en el niño (4 años) es un reflejo de alguna situación que estaban viviendo alguno de sus padres. Y que si al investigar más allá del niño, que situación de ira en su territorio o de identidad vive su madre o su padre, al identificar esa forma de vivir y sanar en los padres es posible que el niño aprenda una nueva forma de ver la vida.

Tips :)

Es increíble pero ayudará hablar al niño por la noche, ni bien se queda dormido decirle al oído:

"Este tema no es tuyo, es mío y yo como adulto lo resolveré, tu solo tienes que ocuparte de ser feliz y jugar. Te amo."

Caso de dolor de estómago[22]

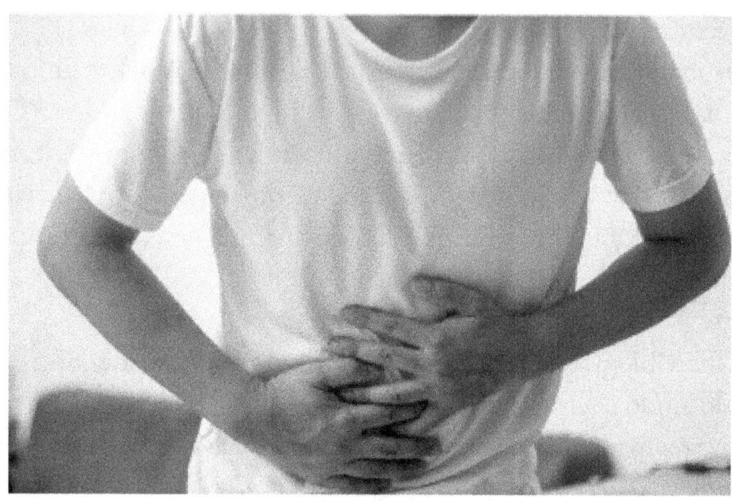

Sobre la historia antes del conflicto:

"Yo (**hombre, 39 años, diestro**) estoy bastante especializado profesionalmente, tengo casi 20 años de experiencia profesional y recientemente estuve empleado en mi campo en una empresa grande y moderna. Allí optimicé procesos y pude contribuir muy bien tanto a nivel profesional como práctico, con el correspondiente reconocimiento por parte de mis jefes.

Lamentablemente, a principios de 2018, nuestra empresa matriz estadounidense decidió vender nuestra empresa y, por este motivo, no habría nuevos contratos permanentes hasta que se completara la venta...

Luego conseguí un trabajo en una gran empresa de ingeniería mecánica de mi región. En la entrevista preliminar me hicieron concesiones que no podrían haber sido mejores: el mismo salario, más aguinaldos, una agrupación más alta después del período de prueba y un contrato de trabajo indefinido inmediato. No podía decir que no a eso. Me dijeron que realmente querían tener a alguien que modernizara un poco los procesos de trabajo y eso sería muy bueno porque yo tenía experiencia aquí.

El conflicto:

"En mi primer día de trabajo el jefe de mi departamento me guió por toda la empresa y me presentó a los demás jefes de departamento y a personas importantes, a menudo con la información de que yo sería el sucesor después de que él se jubilara y que por lo tanto, la gente debería conocerme.

En mi segundo día de trabajo (5 de junio de 2018), ya pude ver el alcance de mi decisión equivocada: había llegado de una empresa moderna a lo que parecía la Edad Media: (cita original)

"¡Hemos estado ingresando esto aquí con un bolígrafo verde durante 30 años!" "No había nadie aquí que fuera un experto. Todos trabajaron según el principio: siempre lo hemos hecho así y cada uno trabajó como se les había mostrado previamente y porque "así son las cosas".

Pero me encontré con un dilema: no podía acercarme en los primeros días a personas que habían trabajado allí durante décadas con sugerencias para mejorar. Desde el segundo día que llegué a casa maldije **a la empresa** y no pude evitarlo. También sospecho que el conflicto ocurrió el segundo día cuando tomé conciencia del alcance de **mi decisión.**

Pero parecía que cada día empeoraba. Me contrataron para apoyar a un equipo de 2 mujeres. Pero estas dos nunca soñaron con presentarme adecuadamente los sistemas y su lógica. Sólo me explicaron lo mínimo para poder realizar los procesos más sencillos. Pero también era imposible aprender a manejarlo solo porque cada cliente tenía requisitos diferentes y no había directrices ni nada en qué orientarse. Dependía de la buena voluntad de mis colegas. El subdirector del departamento tampoco parecía tener buena disposición conmigo.

Mi esposa fue la primera en ver el juego: me dijo que estaba atrapado porque las chicas estaban movidas por pura envidia y que, después de un entrenamiento exitoso, las alcanzaría con mis conocimientos especializados en el menor tiempo posible. Y el subdirector del departamento nunca me permitió convertirme en su superior porque estaba interesado en el puesto a pesar de que tenía muchas menos calificaciones que yo.

Pero me quedé en exhibición y prácticamente **a merced de mis enemigos**, a quienes percibía como tales. Y fueron jugando sus cartas poco a poco. Las chicas me dejaron cometer errores e inmediatamente acudieron al jefe del departamento cuando no estaba en la oficina informando de mi incompetencia.

Después de 3 semanas noté conscientemente el **dolor de estómago**. La pequeña curvatura del estómago. Fase activa, **ira territorial** o **conflicto de identidad** por mi constelación territorial. Ambas cosas son posibles, pero la sensación no importa. ¡Sabía mi tema! Pero ¿cómo debería solucionar esto?

Tuve que pasar a la ofensiva. Tenía un líder en la persona del jefe de mi departamento. Mientras tanto, llegó la referencia final de mi último empleador: ¡una A absoluta! Así que hice un protocolo de reunión en el que enumeré los problemas, copié la última referencia laboral y solicité una entrevista. Fue el 29 de junio de 2018. Mi estrategia fue la siguiente: *"Hay problemas, pero no puede ser simplemente culpa mía si mi último empleador me dio una A en mi referencia laboral. Y tengo ganas de trabajar y me interesa la desescalada".*

Mi jefe tenía la mente abierta y dijo que lo discutiría con el director del departamento y que se encontraría una solución.

Pero la semana siguiente, el 4 de julio de 2018, después de solo 4 semanas, la situación se agravó por completo: la colega me mostró cómo tratar con un nuevo cliente, pero hizo clic en los programas individuales a tal velocidad que no podía seguirlos. Se lo señalé y ella me gritó: *"¡No dejaré que me digas cómo entrenarte!* Le respondí: *"¡Por supuesto que déjame decirte eso, porque tengo que aprenderlo!".* "Entonces vinieron el subdirector y el otro colega y los tres me gritaron: *"¡Debería mantener la boca cerrada aquí y esforzarme y aprender los procesos y no hacer el ridículo aquí!".*

Estaba temblando y casi llorando. Entonces llegó mi jefe y nos separó. Para el mismo día estaba prevista una cita con el director del departamento. Pero esta conversación tomó un rumbo completamente equivocado para mí: me acusaron de actuar como si lo supiera todo y de comportarme de manera irrespetuosa con mis colegas. Ahora finalmente me quedó claro que me estaban saboteando por completo a mis espaldas y que aquí ya se habían llevado a cabo varias conversaciones. ¡Ahora estaba claro que tenía que alejarme de aquí porque nunca podría controlar mi conflicto! Me puse en contacto con el comité de empresa para pedir consejo. El comité de empresa me reveló entonces que este problema no era nuevo en este departamento y que, exactamente como lo describí, ya había ocurrido una vez hace un año y que el colega de entonces fue literalmente expulsado.

Ahora estaba completamente activo en el conflicto. Tenía **dolores de estómago**, podía comer cada vez menos y **perdí peso**. Soñaba con la empresa y con mis compañeros y tenía mucho miedo de volver allí todos los días.

4 semanas después tuve una conversación con RR.HH. que quería escuchar mi opinión sobre la situación. Rompí a llorar y les expliqué que mis compañeros ya no me mostraban nada y me ignoraban por completo. Le dije que no me sentía bien y que definitivamente estaba interesado en una solución.

En ese momento ya había escrito numerosas solicitudes, pero la búsqueda de un nuevo trabajo no surge de la noche a la mañana.

El 21 de agosto de 2018 me pidieron que fuera nuevamente al departamento de recursos humanos y me revelaron que habían hablado con mis compañeros y que no veían posibilidades de que la relación conmigo pudiera repararse nuevamente. Por esta razón, me darían aviso de despido dentro del período de prueba y sería despedido el 30 de septiembre de 2018. Todavía me dieron la opción de ser liberado.

Estaba totalmente perplejo. En ese momento ya me habían degradado a empleado de almacén y se me permitía empacar y etiquetar paquetes de envío. Pero realmente tuvieron la osadía de echarme la culpa de todo, como si yo también tuviera la culpa del **bullying que había vivido y por eso tenían que separarse de mí.**

Me habían abandonado limpiamente. Y todos lo sabían. Mientras regresaba y empacaba mis cosas, mi jefe me deseó todo lo mejor para el futuro. Me lo tomé con calma y solo dije: Gracias. Dejé la empresa y me alegró mucho saber que nunca más tendría que volver a entrar.

Me metí de lleno en la resolución de conflictos. Podría haber dormido todo el tiempo y no poder seguir adelante. Sabía que tenía que superar esto ahora, pero también tenía al menos 5 semanas para experimentar plenamente mi vagotonía. Pero yo también los necesitaba.

Gracias a las solicitudes que había escrito mientras tanto, pude aceptar una nueva oferta de trabajo el 1 de octubre de 2018, lo que apoyó aún más la solución.

El 9 de octubre de 2018 tuve mi epicrisis: **tuve náuseas toda la noche.** Cuando me acosté alrededor de las 10 de la noche, tenía **mucho frío.** A las 11:30 p.m. me desperté, corrí al baño y **vomité con el corazón.** Bueno, la crisis se acabó, pensé. El conflicto era completamente comprensible.

Curiosamente, ayer estuve hablando con mi esposa y le dije que el tema ya se había desvanecido en la distancia. Quizás aquí ya se había anunciado la crisis.

<u>**Respuesta del caso:**</u>

¿Qué quiere decir exactamente el paciente con *"independientemente de si se trata de un conflicto de identidad femenino o de ira territorial masculina"*?

Un sentimiento femenino es la contraparte del otro sentimiento masculino y siempre es exactamente opuesto en el territorio.

En una constelación de área territorial ya existente (derecha + izquierda un foco activo), las escalas funcionan y la persona está **maníaca** (el conflicto de la izquierda es más importante) o **deprimida** (el conflicto de la derecha es más importante). El diestro siempre consigue el conflicto posterior "en la cima del montón" (Dr. Hamer). Si está deprimido (el conflicto es más grave), el conflicto posterior regresa.

Eso es lo que pasó con el paciente. El foco de la pequeña curvatura está en la zona derecha del cerebro. Entonces el paciente debió sufrir un conflicto de identidad femenina con el sentir de "**¿Qué voy a hacer?**".

Se que la respuesta anterior del caso es compleja para una persona que recién inicia en biodescodificación, para ir más allá estamos los terapeutas que acompañamos al paciente a la profundidad del inconsciente (personal, familiar, colectivo), si nos abre la puerta en el momento oportuno, cada persona tiene su tiempo en su camino de evolución o madurez, no desesperes pide ayuda.

Recuerda que no es solo una situación o experiencia puntual es la forma de vivir o de interpretar que aprendimos desde pequeños y mucho antes, nos la transmiten nuestros antepasados a través de nuestros genes, creencias o mandatos familiares.

Caso de acidez de estómago[23]

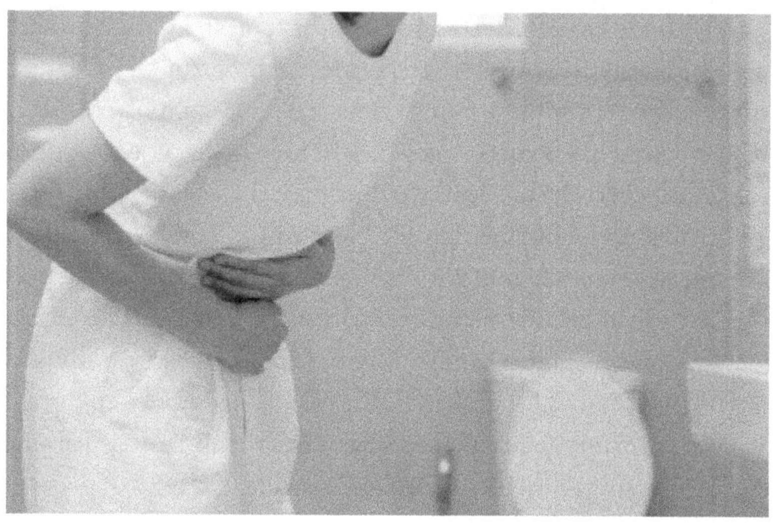

Mujer zurda, 69 años.

"Vivo cerca de un centro comunitario en un edificio de departamentos y tengo dos estacionamientos, pero solo tengo un auto, el otro estacionamiento es para mis invitados.

Ahora un conocido que es miembro de esta comunidad se ha dado cuenta de que casi siempre hay una plaza de aparcamiento disponible en mi zona. Me preguntó si podía estacionar su auto allí durante los eventos. Se lo permití. Lo estacionó allí y como su auto es muy conocido en la comunidad, inmediatamente otro miembro de la comunidad se paró junto a él, en el lugar de mi compañero de cuarto. Cuando llegué a casa, me metí en problemas. A partir de entonces, otros miembros de la comunidad estacionaron con frecuencia en nuestros estacionamientos, lo que nunca antes había sucedido, porque se puede ver claramente que estos estacionamientos pertenecen a la casa.

Cuando le conté esto a mi amigo, me prometió que no volvería a estacionar su auto allí. Dos años después me hizo un favor y me volvió a preguntar si podía volver a aparcar su coche conmigo. Debería poner un cartel: "Estacionamiento privado, el estacionamiento no autorizado será remolcado". Pero no puse el cartel hasta la próxima vez. Entonces sucedió que llegué a casa y su auto estaba allí y otro auto estaba estacionado al lado en el lugar de mi compañero de cuarto.

Me emocioné mucho e inmediatamente corrí y pregunté a quién pertenecía el auto. Yo estaba en conflicto activo. Nadie dijo nada sobre el auto, pero cuando miré hacia nuestra casa vi que el auto ya no estaba. Probablemente no quiso identificarse y se fue rápidamente.

Ahora estaba tranquila y podía almorzar allí, lo que de todos modos había planeado hacer. Después hablé con mi amigo al respecto y me dijo que debería poner este cartel.

Después de cenar no me sentí nada bien e inmediatamente me compré un pastel para deshacerme de la sensación desagradable y por la noche me di cuenta de que en realidad lo que me atormentaba era acidez de estómago. **¿Por qué tuve acidez de estómago?** ¡Ajá, ese es todo el problema del estacionamiento!

Después de darme cuenta de esto, supe lo que tenía que hacer. Mi plaza de aparcamiento debe permanecer libre. Tampoco quiero que remolquen a nadie. Si la persona que conozco no está en mi plaza de aparcamiento, no tengo problema. Al día siguiente hablé con la esposa de mi compañero de cuarto al respecto durante una hora, la acidez de estómago había desaparecido y tres días después le dije a mi amigo que por favor dejara de estacionar su auto en mi casa. Dijo con mucha calma, sí, está bien. Poco tiempo después tuve un fuerte ataque de tos.

<u>**Respuesta del caso:**</u>

Si conoces la causa, ¡también sabes qué hacer!

Si las personas se dieran cuenta de lo que las enferma, cambiarían muchas cosas en sus vidas para estar saludables o mantenerse saludables. Tendríamos una sociedad diferente: una sociedad biológicamente sana."

Me encantó la respuesta del caso anterior, sería hermoso y sano poder darnos cuenta, al conocernos mejor cada día y no agravar nuestros síntomas físicos pero también influye en nuestro modo de estar en la vida, en cómo mejoran nuestras relaciones con los demás. Nuestros amigos, vecinos, nuestra comunidad, somos espejos unos de los otros, unas cuantas páginas más adelante te comentaré sobre las neuronas espejo.

Antes de aplicar autoterapia conviene conocer un poco más de medicina germánica, porque de lo contrario se confunden los síntomas de la fase de curación "buena", por ejemplo la intensificación de una erupción cutánea o un cólico gástrico, que son necesarios para optimizar el ritmo biológico de dos fases con lo que solíamos pensar que se enseñaban como síntomas supuestamente "malos" de la enfermedad. Sin embargo, si el paciente conoce la medicina germánica, aceptará con gusto estos síntomas curativos como "buenos amigos" de su programa biológico de supervivencia, por lo que la última fase de la enfermedad (PCL) debería desarrollarse de forma óptima y volver a la normalidad.

Autoterapia

Cómo cambia tu cerebro cuando conectas con otros

La escucha sincera o escucha activa, la empatía, la compasión y el amor son formas de conexión humana que la ciencia está demostrando que son beneficiosas para la longevidad. En estás breves líneas descubrirás cómo cambia tu cerebro cuando conectas con otras personas.

Me encontré con este vídeo del Dr. Puig[24]donde explica sobre los mecanismos del estrés y realizaré un resumen pero, deberías ver el vídeo completo porque no tiene desperdicios. Debo reconocer que el Dr. Puig es mi gran compañero cuando salgo a caminar.

En síntesis explica claramente que hay un momento en el que cuando una persona está en equilibrio (desde biodescodificación lo llamamos normotonía) y se encuentra de repente con algo que lo vive como una amenaza por eso se activa la alarma (la amenaza no tiene que ser física, no tiene que ser que te encuentres con un tigre por la calle) puede ser "la amenaza a sentirse:

- criticado"
- avergonzado"
- humillado".

Son **amenazas emocionales**. Y al observar lo que le pasa a la persona que siente la amenaza se produce un intento de **resistencia**.

La resistencia produce un enorme desgaste en el ser humano, intentando huir o contraatacar.

- *"Yo quiero salir de aquí"*
- *"Me quiero esconder"*
- *"Bloquearte"*

Son las tres formas de resistencia que utiliza el ser humano y también los animales (escapar, ocultarse o camuflarse o defenderse). Agregó que el desmayo también es una forma de salida de esa situación, el cerebro al no poder implementar alguna de las 3 formas anteriores se desconecta.

Sabemos que cuando estás mucho tiempo en esta fase de resistencia llegas a lo que se llama la **fase de agotamiento**, de hundimiento, y aquí es donde hay más posibilidades de que aparezca la enfermedad porque el organismo se ha agotado de tanto resistirse.

Cuando una persona se siente amenazada emocionalmente, piensa o dice:

- *"Yo no voy a ser capaz de salir adelante"*
- *"Esto es demasiado difícil"*
- *"Yo soy poca cosa, el mundo me supera"*.

Cuando una persona se siente amenazada, no que esté amenazada sino que se sienta amenazada, se produce una desregulación del sistema nervioso (SN) simpático y parasimpático.

El SN simpático es el encargado de activarse en situaciones de alarma, situaciones de peligro. Por ejemplo, para llevar sangre a los músculos, si nos persigue un tigre, la sangre tiene que irse a los músculos para correr más no al tubo digestivo.

Cuando ya estás en situación de amenaza, **¿cuál es el impacto de esto?**

El impacto de esto es la hiperactividad del sistema nervioso simpático. El Dr. Puig cuenta la siguiente historia para entender lo que ocurre en el cuerpo.

Un día llegó a su consulta Margarita, que llevaba un sobre de hospital muy grande, le dijo:

"Doctor ¡no puedo más ayúdame por favor! Llevo tres años con un dolor de estómago horroroso, me han hecho de todo, le traigo todas las pruebas, estoy con Omeprazol con 40 miligramos".

El Omeprazol era una medicación que te deja al 90% el estómago sin secreción.

Margarita dice: "no me encuentran nada, me han hecho de todo pero, yo no puedo seguir viviendo así"

El doctor estuvo una hora viendo aquellas pruebas y todo normal. Y le dice a Margarita:

"¿Hay algo que le afecte mucho emocionalmente? Que lo esté viviendo como una situación de amenaza o algo así."

No me refiero a algo que le haya generado un gran susto o una gran preocupación, sino a algo más que **cada día** o casi todos los días le genere un poco de **tensión** y un poco de **desagrado**.

Margarita dijo:

"¡Qué a mi jefe no lo soporto!"

El doctor dice:

"Le ofrezco que a partir de ahora cada vez que vaya a la oficina y vea a su jefe le va a sonreír, durante dos semanas."

Margarita dice: *"¡Doctor mi jefe no se lo merece!"*

El doctor le dijo: *"No es por él, es por usted."*

Entonces, ella dijo: *"No me va a salir"*

Y el Dr. respondió *"Pues finja".*

... Luego de pasar las dos semanas, Margarita regresa al consultorio y dice:

"Doctor lo primero que quiero decirle es que ya no me duele nada el estómago"

"Le voy a contar todo el proceso... Salí de aquí pensando que era una estupidez lo que me había dicho pero, no sé por qué decidí probarlo. El primer día tuve que utilizar todos los músculos del cuerpo para esbozar una tenue sonrisa. Conforme fue pasando el tiempo algo cambió, me fue más fácil la sonrisa pero, han pasado cosas muy interesantes. Lo primero, ¡es que usted no sabe lo que mi jefe ha cambiado, es otro, no le reconocería! Otro, mucho más amable, mucho más humano, otras cosas no sé qué le ha pasado algo en su casa se ha debido arreglar no sé... Lo segundo, que se me

ha quitado por completo el dolor de estómago pero, no me he quitado el Omeprazol hasta que usted no me lo dijera pero, sí me he quitado el Almax como dejó de dolerme el estómago a los pocos días. Y además, lo toma todo el mundo en la oficina."

A todo esto ella no le había dicho al Dr. que tomaba también los sobrecitos de Almax.

El sobrecito Almax ella se lo bebía como quien bebe un vaso de agua. Entonces, en la oficina todo el mundo la veía tomándose Almax.

Si te preguntas, **¿cómo es posible que se le haya quitado el dolor de estómago?** Ya tenemos una explicación de por qué el Omeprazol no hacía nada y tenemos una explicación de por qué su jefe cambió. Y la explicación ya se conoce, cuando una persona se siente amenazada se activan unos núcleos en el cerebro, amígdalas, nuestro detector de amenaza y lo primero que hace es robar sangre de la parte anterior del cerebro lo cual produce **cambios muy importantes en la percepción de nuestros recursos.** Se pierde capacidad de:

- comprender,
- aprender,
- ser creativo y
- de tomar buenas decisiones.

Por eso cuando se habla de **"ver el sentido positivo de la vida"**, incluso en la enfermedad ¡es muy importante! Porque si tú la enfermedad solo la vives como una amenaza no podrás encontrar recursos naturales, que tienes, que te pueden ayudar a **tomar vías que favorezcan la curación** (la biodescodificación acompaña a la persona a encontrar los recursos en su interior).

Un niño en un colegio, un estudiante en la universidad donde sea, una persona en una empresa, que se sientan amenazados, no es que estén amenazados sino **que se sientan amenazados** porque no hay una cultura de encuentro, de cordialidad, de afecto y activen estos centros, no importa lo inteligentes que sean, no podrán comprender, no podrán aprender, no podrán ser creativos. No, porque no tengan la capacidad, sino porque cuando se activan las amígdalas y el riego de la zona anterior del cerebro se reduce.

Y esto explica perfectamente por qué determinados jóvenes que no van bien en un contexto y no aprenden, **cuando les cambias el contexto**, les cambias la forma de enseñanza, aprenden y aprenden muy deprisa. El efecto en el cuerpo es también muy marcado y uno de los **efectos es en el estómago**. Cuando una persona se siente amenazada (Margarita se sentía amenazada por su jefe que no necesariamente la estaba amenazando pero, ella se sentía amenazada), el sistema nervioso simpático hace exactamente lo mismo que si te persiguiera el tigre, el tubo digestivo lo paraliza porque no te vas a poner a comer.

¿Qué pasa con un estómago que se paraliza?

Un estómago que se paraliza es un estómago a través del cual la comida no puede fluir bien, la comida cuando no fluye bien se estanca, cuando se estanca ¡se pudre!. Cuándo se pudre, fermenta, cuando fermenta, produce gas.

¿Qué hace el gas?

Hincha las paredes del estómago. No hay medicación alguna que te reduzca el gas.

El Omeprazol por más que te baje el ácido, el problema no es el ácido, el problema es la dilatación del estómago.

En el momento en el que Margarita **empezó a buscar el encuentro**, al principio con una tenue sonrisa forzada, estaba mandando al cerebro un mensaje. Tú no sonríes en presencia de una amenaza. Entonces, el simple hecho de el propio cuerpo disponerlo para "el encuentro" y "la sonrisa" es suficiente para que el sistema nervioso simpático se desconecte y se active el parasimpático.

*El simple hecho de disponer el cuerpo para **"el encuentro y la sonrisa"** es suficiente para que se active el sistema nervioso parasimpático.*

¿Porque se le quitó el dolor a Margarita?

Porque el estómago empezó a funcionar. Ella no tenía ningún problema de estómago por eso en las endoscopias no se veía nada. No había nada porque la dilatación no se ve en la endoscopia.

Entonces, **¿qué es lo que podemos hacer en una sociedad tan distresada?** (el distrés es el estrés negativo como el de Margarita, el que daña) *Ganarse el amor de su vecino.*

El antídoto natural del miedo

El Dr. Puig explica que hoy en día sabemos que cuando una persona se encuentra con otra con estos lazos de afecto, de cordialidad, de voluntad, de cooperación automáticamente el cerebro produce una sustancia llamada **Beta endorfina**, es un analgésico natural potentísimo capaz de reducir el dolor físico. El ser humano en el encuentro experimenta menos dolor.

El ser humano en el encuentro experimenta menos dolor.

Cuando dos seres humanos tienen esa voluntad de encontrarse, de cooperar, de colaborar se libera en sangre una hormona llamada **Oxitocina** (hombres y mujeres la tienen).

La oxitocina es la hormona que se llama *"la hormona del amor"* porque cuando tú te conectas con un ser humano con amistad, amor romántico, amor filial, "ágape" amor como elección, la oxitocina **protege naturalmente contra la enfermedad** es un protector por ejemplo, un protector del corazón y baja las cifras del colesterol malo.

En relación a los **estados de silencio**, estados meditativos, se ha demostrado a través de un ejercicio que cuando una persona **visualiza el afecto** primero hacia sus seres queridos, luego a los menos queridos y hace lo que puede con los nada queridos; pero, hace ese esfuerzo, se ha observado que la parte anterior del cerebro que se bloquea cuando la amígdala se activa, resulta que empieza a crecer en grosor, aumenta la neuroplasticidad, la formación de nuevas neuronas, y es capaz entonces de **neutralizar el miedo.** Quiere decir que el antídoto natural del miedo es el amor, no es el valor, es el amor.

El antídoto natural del miedo es el amor.

Cuando la amígdala que estaba activada se desactiva, la parte anterior del cerebro puede funcionar, quiere decir que una persona que se siente amada, que se siente querida, es una persona que intelectualmente va a funcionar mejor y una persona que se siente humillada, que se siente avergonzada, intelectualmente va a funcionar peor.

Si te sientes amada intelectualmente vas a funcionar mejor.

Por eso los estados de ánimo están afectando al funcionamiento de tu cerebro.

Cuando una persona se siente amenazada los dos lados del cerebro no se llevan bien. Cuanto más amenazada se siente una persona más lateralización se produce, es decir menos hablan entre sí los dos hemisferios.

¿Cuál es el problema de la lateralización?

El problema es que el lado izquierdo del hemisferio izquierdo es muy bueno en unas cosas, es muy bueno en razonamiento lineal (esto me lleva a esto); es muy bueno organizando, es muy bueno estructurando, es muy práctico, muy fiable en eso. Pero, el hemisferio derecho es mucho más imaginativo, el hemisferio derecho además es el que tiene más conexión con el cuerpo físico. El hemisferio derecho es la puerta al inconsciente, y nosotros necesitamos a los dos, necesitamos al **Soñador** y al **Hacedor**, necesitamos al imaginativo y al práctico.

Cuando una persona se siente amenazada los dos hemisferios se desenganchan.

Cuando una persona se siente amenazada los dos hemisferios se
desenganchan.

A nivel del corazón se ha visto que el amor, al desarrollar este deseo, estamos hablando de algo como **forma de ser y de estar en la vida,** es decir **tu deseo de siempre buscar lo mejor en la otra persona y por supuesto en ti.** Cuando tú haces eso, se ha observado algo interesantísimo, ahora existe una metodología mucho más fina que permite ver lo que se llaman las alteraciones finas del ritmo cardíaco y observaron que cuando una persona está estresada porque se siente amenazada, aunque el electrocardiograma parezca normal, cuando tú lo haces mucho más fino se observan enormes irregularidades. Pero, cuando la persona activa el otro sistema, el parasimpático **que es el que se activa en el encuentro, el corazón toma otro ritmo**, esto se ha asociado con mayor longitud de vida, se llama coherencia cardíaca.

El amor, como forma de ser y de estar en la vida, es decir, tu deseo de siempre buscar lo mejor en la otra persona y por supuesto en ti.

Unas páginas más adelante encontrarás una meditación que preparé sobre la **coherencia cardíaca, digestiva y cerebral**; podrás también escucharla para asimilar mejor cuando lo necesites.

La coherencia cardíaca hace que el corazón funcione mejor y como el corazón tiene su propio cerebro, emite un campo electromagnético hasta tres metros de distancia. Se ha medido que está alterando todas las células del cuerpo.

Cuando el sistema parasimpático, que es el sistema del encuentro, empieza a dominar un poco el juego aumenta la capacidad de hacer frente a las infecciones porque **se potencia el sistema inmune.** Entonces, muy importante para evitar la enfermedad, se reduce la producción de radicales libres.

¿Qué es un radical libre?

Nosotros usamos el oxígeno para producir energía. Pero, para poder utilizar oxígeno y obtener energía pagamos un precio, ese precio es la producción de radicales libres que generan muerte celular, envejecimiento temprano y mutaciones.

Con el encuentro, la activación del parasimpático reduce la producción de radicales libres.

Uno de los descubrimientos más importantes que se han hecho en genética es **el telómero**, se descubrió con microscopía electrónica que en los extremos de los cromosomas, son como unos estuches donde está el material genético. Cada vez que una célula se divide tiene que duplicar los cromosomas para que a cada célula hija vaya al mismo número de cromosomas, en ese proceso el telómero se adelgaza pero, si el telómero se adelgaza más allá de un cierto nivel la célula ya no se puede reproducir y una vez que esa célula llegue a su tiempo de vida se muere, es la base del envejecimiento y la destrucción de los tejidos. Sorprendentemente observaron que algo misterioso reparaba los telómeros y no sabían lo que era hasta que se demostró que es una estructura enzimática llamada la **telomerasa**. Se estudió a madres que tenían niños con patologías cerebrales que exigían una atención constante, algunas de estas madres tenían la ayuda de sus maridos de la comunidad pero, había algunas que estaban totalmente solas haciendo frente a ese desafío habían volcado toda su vida en el cuidado de su hijo. Se localizó a estas madres que se sentían solas en su lucha, se les extrajo sangre y midió el tamaño de telómeros y cifras de telomerasa. El tamaño de los telómeros era muy bajo y la cifra de telomerasa era baja, esto implicaba un acortamiento de la vida de esas madres. Se le ocurrió a la investigadora que a todas esas madres que ella había localizado ponerlas en contacto para que hablaran, para que pudieran compartir sus penas, sus alegrías y para sentirse comprendidas. De nuevo, la presencia del encuentro, del amor. Meses después volvió a sacarles sangre, los telómeros tenían longitud normal y la cifra de telomerasa se había normalizado.

Es decir, que nunca es tarde para amar y nunca es tarde para esperar un efecto del amor, no importa el pasado que una persona haya tenido.

"Nunca es tarde para amar/nos y nunca es tarde para esperar un efecto del amor, sin importar el pasado que una persona haya tenido"

A la frase anterior agregó que aplica para cuando recuperamos el amor propio y la confianza en el amor Divino, recuerda que nunca estamos solos.

El silencio ayuda a reparar el cuerpo

El contenido de este apartado es simple porque sólo necesitas cinco minutos de meditación al día para reducir el estrés y sentirte menos a la defensiva, **¿no estás cansada de estar todo el tiempo defendiendo tu espacio?**

Con el tiempo lograrás sentirte más feliz pero, no te darás cuenta enseguida, simplemente un día dirás ¡Epa! hoy no tomé tal pastilla o medicación y así, cada vez serán más los días en que te sentirás mejor.

"Ni te imaginas los beneficios que puede aportar la meditación en tu día a día."[25] Y solo tienes que dedicarle unos minutos de tu tiempo. Seguro que los encuentras aunque hoy sientas que no puedes más con ese dolor.

En la primera guía que escribí y publiqué con el nombre "*Aprender a orar en 20 minutos*" te explico el paso a paso de cómo orar en silencio, en cambio en esta guía agrego el abordaje desde la visión de la biodescodificación con nuevas herramientas para que logres con la **meditación** obtener una aliada que te ayudará a reducir el nivel de distrés (malo o estrés negativo). En estos casos, el distrés está asociado con un conflicto biológico, para explicarlo en términos más simplistas con la angustia, es decir, una sensación que hace que los individuos se sientan abrumados, ansiosos y despierten síntomas físicos y psicológicos como los dolores de cabeza, la tensión, insomnio, dolor de estómago entre muchos otros. Lo que hace que una persona sienta distrés y no eustrés es principalmente cuando esta asume que el factor estresante no está bajo su control o esta no es capaz de poder solucionarlo o cambiarlo en ese instante[26]. El distrés en tu día a día es el que te hace daño afectando a las células de tu cuerpo.

En cambio, para que afrontes tu rutina con eutrés (bueno o estrés positivo), que se activa en general frente a situaciones que se presentan como un desafío que podemos afrontar o como algo estimulante para el cerebro que mejora la actividad cognitiva. Cumple una función adaptativa a los cambios que el medio va proponiendo y puede producir un desgaste normal y ocasional pero la sensación predominante es de logro y de bienestar que te hace disfrutar la vida con más tranquilidad y con una sonrisa genuina.

Desde la Descodificación Biológica no pretendemos eliminar la enfermedad, sino acompañar a la persona a revisar el conflicto que ha vivido y descargar la vivencia profunda asociada al instante. De esta forma, el paciente podrá regresar a un nuevo equilibrio y, sólo entonces, su cuerpo volverá al estado de bienestar o de sanación mediante el sistema natural del organismo.

Cómo dice Ángeles Wolder:

"El milagro de la vida no está en curar una enfermedad, sino en cambiar la forma de vernos, de ver a los otros y de ver el mundo".

Hay coherencia entre la función del órgano, la vivencia profunda y el instante de conflicto biológico ya sea éste real, imaginario, simbólico o virtual. Así es como funciona nuestro inconsciente biológico.

Si quieres conocer todos los beneficios que puede tener **5, 10, 20 o 23 minutos de meditación** sobre tu cuerpo, tu alma y tu mente, sigue leyendo está guía.

Hoy parece casi imposible alejarse del ruido de la ciudad y dedicar unos minutos a meditar, ten la seguridad que puedes meditar en el medio de tanto caos, la meditación estará permanentemente en tu interior aunque tu mente hoy te haga dudarlo y te abalancé cientos de pensamientos negativos, que te hace vivir en la lucha, en el miedo o en la frustración.

Sentarnos cada día en silencio y quietud unos minutos o breves momentos, nos invita a parar, a bajar las revoluciones del cuerpo, a descender el ritmo para lograr darle lugar a ser más **conscientes de cómo nos sentimos**, de las fluctuaciones de la mente, del ruido y la prisa, del estrés.

¿Seguramente te ha pasado alguna vez qué, cuando apagas la luz al meterte en la cama, tu mente no puede parar? La meditación junto a la higiene del corazón, tema de mi otro libro "***Cómo dormir mejor en 7 pasos: Espiritualidad del corazón***[27]", te ayudarán a crear la costumbre de parar y escuchar tu interior.

Hay varios estudios que confirman lo que se sabe hace cientos de años que practicar la meditación puede ayudarte a **reducir el estrés** del día a día y proporciona alivio de algunos de los síntomas de la ansiedad y la depresión, ahora quiero enfocarme en el dolor de estómago pero el alivio será general para todo tu cuerpo y cambiará tu percepción de la vida.

"Cambia tu perspectiva, tu manera de ver la vida es tu forma de vivir los conflictos"

La biología del silencio

El Dr. Mario Alonso Puig[28] está tan convencido como yo que el ruido mental tiene un efecto directo en la salud y en las relaciones con los demás. Nos invita a reflexionar desde el punto de vista biológico, **¿cuáles son las ventajas de apagar ese ruido y entrar en el silencio?**

"Lo primero que quiero deciros es que yo humildemente como hombre de ciencia os digo que la ciencia para nada está enfrentada a la grandeza del Silencio a la grandeza en la Presencia a la grandeza del encuentro".

¿No te ha pasado más de una vez que las heridas que has experimentado en el pasado se han convertido en el motor que te ha ayudado a ir superándote poco a poco avanzando creciendo como persona?. En mi caso, estás heridas fueron mi fuente de inspiración para escribir todos mis libros, el más doloroso y sanador a la vez fue sacar a la luz las líneas del libro de "***Acompañamiento Espiritual en el duelo por separación***"[29]; comenzó como parte de mi proceso de sanación cuando escribía mi tesina para recibirme de acompañante espiritual en el Centro Santa María y luego me animé a compartirlo al mundo.

Ahora volviendo al tema del dolor de estómago, **¿qué pasa en el tubo digestivo ante una amenaza?**

Como lo explicaba el Dr. Puig en el tubo digestivo pasan dos fenómenos apasionantes, el primer fenómeno apasionante es que se paraliza el tubo digestivo porque no es el momento para comer. Y se produce otro efecto que es fascinante, un efecto que te convierte en alguien más ligero y si tienes más ligereza corres más, ¿cómo lo hace? Produce un **despeño diarreico**.

Lo que le pasa es que la mente humana es capaz a través del cerebro de generar una sensación de amenaza emocional que **sobre el cuerpo actúa de la misma manera** que si hubiera un tigre con menos intensidad.

Lo real, lo imaginario, lo virtual o lo simbólico es lo mismo para nuestro inconsciente, todo se considera real.

Imaginar un limón o tenerlo delante nuestro para comerlo nos da la misma información a nivel biológico. Nuestras glándulas salivales comienzan a segregar saliva y se preparan para el banquete ácido. Cuando ves una película y empiezas a llorar, es porque conectas con emociones y que están en relación con tu propia historia.

El mismo mecanismo, las mismas hormonas que ocurría con Margarita, algo sucedía que el estómago estaba paralizado. Cuando Margarita comía la comida no avanzaba suficiente velocidad, se podría, fermentaba, le producía gases y el gas hincha las paredes del estómago. No hay ninguna medicación que pueda contrarrestar eso, el problema no era la acidez, el problema es la distensión. En el momento en que Margarita **redujo la sensación de amenaza** su estómago se normalizó. *Entonces, en el momento en que logres **reducir la sensación de amenaza** tu estómago se normalizará.*

¿Te acuerdas de lo que hizo Margarita?

El problema de lo que se llama **la mente condicionada o mente dualista** es que mete mucho ruido y es un ruido que se podría manifestar en forma de crítica, en forma de prejuicio, en forma de comparación, eso es lo primero que le pasa. Cuando el Dr. Puig le dijo a Margarita que sonriera ¿a dónde le estaba diciendo que **llevar la atención?** Algo que era desafiante era la sonrisa.

¿De dónde **quitó la atención?** Del coco, del monstruo de su jefe, del tigre.

Todo tiene que ver con la atención.
Donde ponemos nuestra atención ponemos nuestra vida.

Si cómo mamá estoy todo el día mirando el teléfono, mi atención no está en mi hijo, estará en otra cosa y mi hijo lo percibirá y me reclamará con justa razón hará berrinches o se enfermará para que mi atención esté en él (un beneficio secundario de la enfermedad).

La atención es la energía, si estoy prestando atención a todo lo que es el juicio, la comparación, la crítica, la lamentación por el pasado o la preocupación por el futuro, entonces estoy reconstruyendo constantemente **mi ego.**

*Si en cambio empiezo a prestar atención al momento presente, a percibir que le está pasando a mi cuerpo, estaré **deconstruyendo el EGO.***

El ego es lo que se siente amenazado, es lo que ve al otro no solo como distinto sino como distante. Entendemos ahora porque se le quitó el dolor de estómago a Margarita. Bien, ahora vamos a entender por qué su jefe cambió, en realidad nunca lo sabremos pero, el Dr. Puig dio una posibilidad de:

¿Por qué cambió el jefe de Margarita?

Neuronas espejo

En el cerebro tenemos **neuronas espejo** que están constantemente leyendo nuestro **estado emocional**, lo estamos transmitiendo sin darnos cuenta que lo transmitimos. Lo transmitimos con nuestro rostro y tono de voz, es el lenguaje no verbal y es captado por las neuronas espejo e inmediatamente ya **posicionan a la otra persona** un estado emocional de tal manera que "lo que tú le digas en palabras ya se encuentra con el estado emocional con el que esa persona está". Pasaba que Margarita miraba a su jefe con **la mirada del desprecio** y su jefe aunque fuera a nivel inconsciente lo sentía.

*Las **neuronas espejo** están constantemente leyendo nuestro **estado emocional** e inmediatamente **posicionan a la otra persona** en un estado emocional de tal manera que "lo que tú le digas en palabras ya se encuentra con el estado emocional con el que esa persona está".*

Lo mismo pasa con nuestros hijos pequeños, si quieres conocer cómo entrenar su lenguaje emocional facilítale mi libro *"**Biodescodificación para niños**"*[30].

Una de las grandes ventajas de poner la **atención en el cuerpo** es poner la atención en la búsqueda del encuentro que no es más que una disposición para abrirnos a la otra persona sin intentar cambiarla, intentando cambiarte a ti, no esperar que la otra persona cambie. Esta disposición genera inevitablemente el **silencio del ruido mental** y este justamente es el primer impacto que tienen en nuestra salud.

Para entrenar esta **disposición** a estar en el presente puedes leer mi libro *"Aprende a orar en 20 minutos: La oración contemplativa como fuente de vida y esperanza"*[31].

La universidad de Harvard ha descrito con enorme claridad que entre el 60 y el 90% de las consultas a médicos generales en el mundo occidental tienen que ver directamente con esto de no saber **gestionar las emociones disfuncionales**, emociones tóxicas como el resentimiento, la ira, la frustración, la desesperanza, la sensación de impotencia. Como la mente no lo va a solucionar hay que ir más allá de ella llevando la atención al sitio donde ella no puede estar que es en el presente. Ya que la mente dualista condicionada sólo puede mantenerse estable en el pasado o en el futuro, lamentándote por lo que no hiciste o preocupándote por lo que puede suceder.

Cuando tú estás en el presente, **¿qué es lo que está viviendo tu cuerpo?** Tu respiración, tu movimiento y lo más importante es que puedes escuchar a la otra persona; porque no puedes escuchar si a la vez estás prestando atención a tu ruido mental.

Cuando favoreces este **encuentro a base del silencio**, es decir de no juzgar al otro, de no criticarlo, de no compararlo sino sencillamente de abrirte a entender su mundo, cuando eso pasa se han visto cosas fascinantes, la primera de ellas ya la habíamos mencionado que es la elevación en el cerebro de la <u>Beta endorfina</u>, que tiene la capacidad de reducir el dolor. Se ha podido observar en las personas que llevan mucho tiempo con dolor que cuando la relación entre el médico y el paciente es una relación de cordialidad, de acogida, de deseo de conexión, de deseo de comprensión, el dolor crónico baja en intensidad y baja la intensidad por la secreción de Beta endorfina pero no solo eso, está la otra hormona que se libera cuando dos seres humanos se encuentran, cuando yo me dispongo al encuentro con la otra persona, cuando la abrazo, en lo que es, no en lo que a mí me gustaría que fuera, y esa hormona es la <u>oxitocina</u>. Como lo explicaba el Dr. Puig anteriormente, en la enorme importancia que tiene el encuentro como expresión de la biología del silencio.

El ser humano es un ser de encuentro pero solo se encuentra con la otra persona cuando es capaz de acallar su ruido mental.

Para que empecemos a gestionar **el silencio** como entrada en uno mismo como aquietamiento del ruido mental, favorece directamente la salud, es un factor muy importante para la mejora de la enfermedad e importantísimo para el encuentro con la otra persona donde dejas de ser tú el centro de la circunferencia y se construye un nosotros.

Entonces, **¿qué quiere decir esa disposición?** Que es poquito a poco, cada uno a su ritmo, de permitir que la mente dualista condicionada egoica, cuya única referencia es un pasado que ni es real, es un pasado interpretado, se aquiete; tiene efectos directos en la salud y directos en las relaciones con los demás.

Como adelantamos, la **neuroplasticidad** es la formación de nuevas conexiones, de nuevos receptores en la membrana, incluso de nuevas neuronas, es un fenómeno que ocurre en todas las edades de la vida. **¡Jamás es tarde para aprender!**

Una de las cosas más bonitas que ha mostrado tanto la neurociencia afectiva, la neurociencia de los afectos, como la neurociencia contemplativa, es lo que ocurre en el cerebro en los **estados contemplativos** es decir, cuando uno busca centrar su atención en lo que está vivo aquí y ahora en lugar de que la mente nos arrastre de aquí para allá.

A todos nos lleva la mente, el tema es que la traigas de nuevo al silencio sin enfadarte contigo. Pues eso, si al meditar me voy 100 veces ¡ya está! pues, no pasa nada por volver 100 y el hecho de volver con tranquilidad con cariño, con firmeza y gentileza esa es la práctica.

Entonces, lo que se ha visto son cambios muy profundos en el cerebro que ya no nos sorprenden porque es la neuroplasticidad.

La mente jamás descansa, es porque entra un sistema neuronal altísimamente complejo que se llama la red neuronal. Cuando tienes demasiado activa la red neuronal por defecto, no puedes estar en el presente. La mente errante es en gran parte el origen del sufrimiento humano, es la que está constantemente construyendo el ego.

Cuando una persona está en su modo errante, lo curioso es que interfiere con otro circuito que se llama red ejecutiva central.

¿Qué es lo que hace la red ejecutiva Central?

Es la que te mantiene atento, la que hace que seas creativo, que puedas reconstruir tu personalidad, que puedas tener una perspectiva profunda, amplia, ancha de las cosas.

En los ejercicios de contemplación en los que tú entras en tu interior, conectándote con el aquí y el ahora, no solamente estás mejorando tu salud, tu longevidad, estás mejorando el encuentro con otras personas y tu eficiencia para resolver problemas. Serás más creativa porque estás menos distraída, porque te vuelves más precisa en tus valoraciones. Y por si esto fuera poco, hay otra red que se llama la red de prioridades.

Ya decía Albert Einstein que:

"La mente intuitiva es un regalo sagrado y la mente racional es un fiel sirviente. Hemos creado una sociedad que rinde honores al sirviente y ha olvidado el regalo".

Quizás es necesario volver a darle la importancia que este regalo merece.

Volviendo al nuestro tubo digestivo, ¿sabías que hay cinco veces más neuronas que en la médula espinal?

"Las neuronas de nuestro **sistema digestivo** se encargan de contraer y relajar los músculos que mueven los alimentos a través de los órganos y también controla la secreción que ayuda a dividir la comida para que las células puedan obtener su alimento a través de la sangre[32]".

El tubo digestivo es el fabricante del 90% de la serotonina.

La <u>serotonina</u> es la hormona más importante en lo que se habla de **Estados de calma**, estados de felicidad, y procede del tubo digestivo.

El 80% de la defensa del cuerpo del sistema inmune depende del tubo digestivo.

Pues bien, lo que sabemos es que cuando entramos en el silencio, en esta Presencia que a todos acoge, que a nadie rechaza, cuando entramos ahí el tubo digestivo que tiene su propio cerebro empieza a mandar mensajes a un sitio especial del encéfalo.

Ahora pon la mano en tu corazón.

El corazón tiene 40.000 neuronas y ya se sabe que manda información por cuatro canales, el primer canal es el ritmo eléctrico, el segundo es el ritmo electromagnético; ya se han detectado cambios en **el campo electromagnético que procede del corazón hasta tres metros de distancia.** Es decir, tú ya estás influyendo en la otra persona, dependiendo la situación de tu corazón.

Estás influyendo en la otra persona, dependiendo la situación de tu corazón.

Pero, es que además dice el Dr. Puig que *"El corazón manda como en la selva. El propio pulso de presión del corazón está mandando mensajes.*

*El corazón manda mensajes directos al cerebro y el tubo digestivo por lo que se ha visto con técnicas altamente complejas es que, cuando una persona entra en ese **silencio** sencillo y profundo donde uno sencillamente conecta con lo que **es** y reconociendo su grandeza inevitablemente la reconoce en todo ser humano y en toda criatura cuando pasa eso, **se sincronizan el encéfalo, el corazón y el tubo digestivo***".

Pero, cuando tú **te sientes amenazado**, y lo que más miedo nos da es **el juicio del otro**, la crítica sobre todo en nuestros momentos de mayor vulnerabilidad, de mayor fragilidad; cuando te sientes amenazado esta sincronización maravillosa entre los tres órganos desaparece hasta tal punto que el corazón entra en un ritmo frenético, pueden aparecer arritmias; el tubo digestivo empieza a alterarse, lo que le pasó a Margarita, y el encéfalo. No solo es que se desincronice el corazón y el tubo digestivo, es que los dos hemisferios se desincronizan entre sí, se llaman lateralización hemisférica.

Es decir, el lado izquierdo (que es mucho más racional, estructurado, organizado, planificador) y el lado derecho (que es más imaginativo, más artista), que juntos hacen un papel tan maravilloso, dejan de sincronizarse.

Cuando tú entras en ese silencio que a todos abarca. Porque abarca todo, donde la sensación de que eres distinto se mantiene pero **la distancia desaparece**, porque solo hay uno, los tres órganos se convierten en uno, en su funcionamiento y es como si algo latiera al unísono con repercusiones a nivel de salud, relaciones con los demás, funcionamiento mental y prosperidad para todos.

Por eso creo que es importante que por lo menos le demos una oportunidad, sin esperar que esto haga lo que nosotros queramos.

Porque si hacemos eso es la mente dualista la que gobierna, nosotros **aquí más que buscar lo que hacemos es dejarnos encontrar.**

Y para dejarte encontrar a continuación te comparto una meditación con la que lograrás esa coherencia tan anhelada entre corazón, mente y tubo digestivo.

Meditación. Coherencia: corazón, cerebro y tubo digestivo

Puedes practicar esta meditación que grabé, accediendo desde el siguiente vídeo en YouTube *"Meditación de coherencia: cardíaca, cerebral y digestiva"*

https://youtu.be/Vg56HWtqBLg?si=XKI-ZP5CHFo8PaUE

Y si lo deseas también puedes grabar tu propia meditación para hacerla en los momentos que necesites lograr autonomía y paz mental, tomando de referencia el siguiente guión y adaptándolo a tu propio sentir.

<u>Meditación de coherencia cardíaca, cerebral y digestiva:</u>

En nuestro cuerpo contamos con tres centros inteligentes: cerebro, corazón y sistema digestivo; y todos dialogan entre ellos en plano de igualdad.

Esta meditación es para alcanzar el estado de coherencia cardíaca, aquietando la mente, favoreciendo la salud y creando las condiciones objetivas para que nuestra vida florezca y logremos un mayor bienestar.

En esta meditación encontrarás los recursos necesarios para provocar ese cambio que tanto anhelas y conseguir autonomía (financiera, profesional) basándonos en el agradecimiento hacia los momentos de mayor felicidad plena.

Antes de comenzar esta Meditación me gustaría explicarte: **¿Qué es la coherencia?**

En nuestro cuerpo tenemos tres cerebros, estos centros donde podemos encontrar esas células llamadas neuronas. Acaso no has notado que cuando estás nervioso se te encoge el estómago o las tripas se remueven por no decir ¡con urgencia vamos al baño! ¿Quizás es miedo? En fin, estas neuronas las podemos encontrar en nuestro cerebro, en nuestro sistema digestivo y en nuestro corazón. La comunicación entre estos tres centros es en todas las direcciones, es decir, no solo el cerebro envía datos y mandatos al resto del cuerpo, sino que también por ejemplo el corazón le dice al cerebro lo que tienes que hacer.

Sin embargo, una **sensación de calma** de nuestro corazón le ordena a nuestro cerebro que salga de su estado de piloto automático y pase a un estado de paz mental donde la manifestación de lo que antes pensábamos como imposible se transforma en totalmente alcanzable. Dicho de otro modo, empezamos a ver la vida con claridad, con sabiduría, con la intuición que está en nuestro corazón. Porque nuestro corazón y nuestro cerebro están en armonía. Por ende, nuestro sistema digestivo también lo estará; decimos que están en un estado de coherencia. Así que ahora vamos a practicar esto que acabo de explicar.

Busca un lugar donde te encuentres cómodo y tranquilo, puedes hacerlo tumbado en la cama o también sentado en una silla apoyando bien las piernas, los pies en el piso, la cola en la silla, la espalda recta como si alguien tirase de un hilo tu cabeza hacia arriba, puedes poner tus manos apoyadas sobre tu regazo como armando un nidito entre mano y mano y en el centro imagina que está tu corazón.

Antes de empezar esta meditación me gustaría que traigas a tu mente esa situación que quieres lograr en tu vida, visualízala, eso qué quieres conseguir, imagínate ya consiguiéndola, recuérdala porque vamos a utilizar esta imagen más adelante.

Ahora respira, respira profundo y siente como la energía de tu abdomen fluye hacia tu cabeza, cuando llegue arriba esa energía mantén la respiración un par de segundos y luego suelta el aire, sintiéndote completamente en paz.

Vamos a probar una vez más, respira, toma el aire, siente como esa energía va desde tu abdomen pasa por tu corazón hasta tu cabeza, mantén el aire un par de segundos, sintiéndote completamente en paz.

Una vez más, respira lento y profundamente, siente cómo esa energía asciende por ti, retén el aire un instante y suéltalo completamente en paz, siente tu cuerpo en un estado de completa relajación.

¡Lo estás haciendo muy bien!

Ahora, dirige tu atención al espacio que hay entre tus dos cejas, siente el lugar que ocupa este espacio en tu frente entre tus dos cejas, dentro de ese espacio enfoca tu atención en el espacio que hay dentro de tu cabeza y siente el lugar que ocupa este espacio dentro del espacio. A continuación, enfócate en el espacio que hay entre tu garganta y tu nuca y siente el espacio que ocupan dentro del espacio. Lleva ahora tu atención al centro de tu pecho y siente el espacio que ocupa el centro de tu pecho dentro del espacio.

Si en este punto otros pensamientos invaden tu meditación puedes repetir una frase para volver a este espacio, a mí me ayuda:

"Jesús vos en mí y yo en ti"

Concéntrate en el espacio dentro del espacio en tu corazón.

"Jesús vos en mí y yo en ti, energía de divina, vos en mí y yo en ti"

Ahora concéntrate en el punto que se encuentra justo detrás de tu ombligo, siente el espacio que este ocupa dentro del espacio, enfócate ahora en el espacio que ocupan tus caderas y en el espacio que estás ocupan dentro del espacio. Toma conciencia del espacio que ocupas, del espacio que ocupa tu cuerpo dentro de esta habitación. Ahora toma conciencia el espacio que hay más allá de tu habitación amplía tu conciencia cada vez más y más hacia el espacio infinito respira y expande tu intención hacia el infinito, hacia el amor infinito, siente el no tiempo, el no cuerpo, siéntete en el lugar, hazte conciencia infinita, donde están recogidas todas las posibilidades. Respira desde el centro de tu corazón como si el aire entrará por él y saliera por él.

Si tu mente se extravía vuelve la atención a tu corazón:

"Jesús vos en mí y yo en ti"

Ahora desde el centro de tu pecho evoca una situación de tu vida en la que te has sentido muy feliz, recuerda esa situación en que te has sentido muy feliz por vos mismo, por lo que has logrado y siente mientras respiras desde el centro de tu pecho esa felicidad, agradécelo, siente ese agradecimiento en todo tu potencial.

Disfruta esa situación donde tú lo lograste por vos mismo lo has conseguido porque tienes **todos los recursos en tu interior**. Ahora trae a tu mente esa situación en tu vida que querías conseguir que quieres conseguir, recuérdala de nuevo trae al ahora, ya la tienes, has conseguido esa situación y manda toda esa energía de felicidad y agradecimiento a esta situación qué quieres conseguir en la vida, envía toda esa energía con todo su potencial a esta situación desde tu corazón siente cómo esta nueva situación que quieres traer a tu vida se ilumina con esa energía de felicidad y agradecimiento. Continúa respirando desde el centro de tu corazón ante esta situación que se va agrandando y llenando de felicidad. Haz que todas las células de tu cuerpo la recuerden, esta sensación de agradecimiento de felicidad de autonomía.

Respira desde tu centro en tu día a día cada vez que lo necesites acude esta sensación respirando desde el centro de tu corazón. Así es que estarás en coherencia cardíaca donde tu mente, tu corazón, tu cerebro, tu intestino y todo tu cuerpo se abren a las posibilidades.

Toma aire una vez más desde tu corazón inunda tu cuerpo, vuelve al presente, a esta habitación al día de hoy, muévete suavemente y cuando quieras abre los ojos.

Practica esta meditación siempre que lo necesites.

¡Que Jesús te llene de bendiciones, que tengas una vida muy muy feliz!

Permanecer

Ahora ya sabes que tendemos a vivir inconscientemente en el pasado o incluso intentar adelantarnos al futuro y como no podemos, el estrés aparece en nuestra vida.

Para la mente el tiempo no existe...Y la meditación busca precisamente **estar en el aquí y en el ahora,** esto nos ayuda a PERMANECER a disfrutar de lo que pasa en el momento.

Es necesario generar el hábito de la contemplación para lograr cambios a corto y largo plazo.

Observa tus pensamientos y **déjalos pasar** uno a uno. Algunos te arrastrarán y está bien, cuando te des cuenta, despídete de ellos y sigue observando con amor y paciencia.

Si en el cuerpo tienes alguna sensación percíbela, recíbela, siéntela y déjala marchar, a tu tiempo y a tu ritmo pasará, déjala ir que no se quede, sé amable, estás practicando, estás aprendiendo y el proceso es lento y también bonito y revelador si te percibes con atención y delicadeza.

Introducir la meditación en tu día a día tiene **múltiples beneficios** y no tienes que dedicarle tanto tiempo como podrías pensar en un primer momento. Sólo dedícate ese tiempo para ti misma/o, **disfruta del silencio** y de las sensaciones que te provoca escucharte y sé amable contigo y con tus propios pensamientos. Verás como cuando lo conviertas en un **hábito**, esos primeros cinco minutos se te hacen cortos y quieres más.

Ejercicio para el momento de comer

Cuando la comida se cruza con el estrés de las situaciones que no podemos resolver en el día a día, ojo es inconsciente estarás pensando ¡cómo que no puedo resolver! Si, tu mente está intentando resolver todo todo el tiempo por eso además sufrimos ansiedad. Pero cuando la comida se cruza con una buena técnica de relajación como es la meditación, surge el amor, la calma y la tranquilidad y no hay oleada de prisas y estrés que acabe con ella.

Te explico paso a paso cómo lograr con un sencillo ejercicio la **calma total**, estés en la oficina o en disfrutando de una tostada con mermelada y un café o mate en tu hogar, es un ejercicio para que aproveches cuando estés comiendo solo o sola. Además si le sumas unos rayos de sol en la cara, añade puntos extras a tu vitamina D.

Paso 1. Cuando estés delante de la comida, antes del primer bocado, **respira profundamente** varias veces. Que no te importe si alguien te mira. Fíjate en el color, la forma y su textura. ¿Te parece apetecible o tentadora? Sientas lo que sientas sobre tu comida, percíbelo. A los católicos nos enseñaron a rezar antes de comer, creo que es una buena oportunidad para recuperar ese momento de agradecimiento por el alimento e incorporar los beneficios de la gratitud del agradecer junto a estos pasos. Si no eres católico reemplaza la oración por las buenas intenciones o energías, el beneficio o las bendiciones irán descendiendo sobre ti.

Paso 2. Sé **consciente de tu intención** de empezar a comer. Extiende la mano con lentitud hacia tu alimento y, mientras tanto, **toma nota mental** de la acción[33]. Cuéntale a tu mente lo que estás haciendo: "*Me acerco... Me acerco... Me acerco*". Al ponerle nombre a tus acciones, te será más fácil mantener en mente tu propósito: **estar atenta**. Cuando tengas el alimento en tu mano, advierte que lo estás levantando (y díselo a tu mente): "*Arriba... Arriba... Arriba*".

Paso 3. Contempla tu mano mientras te acercas el alimento a la boca. Cuando lo tengas delante, **tómate un instante** para inhalar y captar su olor. ¿Qué olores reconoces? ¿Percibes el limón? ¿Cómo reacciona tu cuerpo a ese olor? ¿Se te hace agua la boca? Repara en las **sensaciones** de tu cuerpo ante el deseo de la comida.

Paso 4. Mientras das el primer mordisco, siente cómo penetran los dientes en el pan. Cuando terminas de morder, ¿en qué posición está la comida en la boca? ¿De qué forma la lengua coloca la comida para que quede entre sus dientes? Empieza a **masticar despacio**. ¿Qué sensaciones notas en los dientes? ¿Y en la lengua? ¿Qué sabores detectas? ¿El tomate? ¿El atún? ¿Dónde tienes el brazo? ¿Lo has vuelto a poner en la mesa? De ser así, ¿has notado el movimiento?

Mi abuelo Catalino me decía de niña, mastica 20 o 30 veces antes de tragar, ¡me parecía imposible! Mi sabio abuelo vivió hasta sus 96 años con muy buena salud y otra enseñanza que me regaló es *"come hasta el punto que aun tengas hambre no hasta llenarte"*

Hoy pienso y relaciono el "hambre" con las ansias de vida y ¿con qué cosas nos llenamos y llevamos a la boca?

¿Qué cosas no soporto? ¿Con qué cosas lleno mi vida?

¿Qué cosas creo que me faltan? Aunque ya lo tengo todo... vivir simple nada me falta camino más liviana.

Paso 5. Cuando tragues, intenta ser consciente de cómo se contraen y **relajan los músculos** del esófago a medida que empujan la comida hacia el estómago. ¿Dónde está la comida cuando terminas de tragar? ¿Percibes las sensaciones de tu estómago? ¿Está tu estómago vacío, lleno o en un término medio?

Paso 6. Mientras sigues comiendo el sándwich, intenta estar atenta al máximo número de **sensaciones** que puedas. Ponle nombre mentalmente a cada movimiento si eso te ayuda. Tips extra, si intenta comer con la mano que no usas normalmente, esa novedad puede ayudarte a **prestar atención**. Como ocurre con la meditación, cuando aparezcan los pensamientos, repara en ellos y, después, vuelve a **centrar la atención** en la comida y cómo cada bocado va nutriendo cada célula de tu maravilloso cuerpo.

CONCLUSIÓN

¿Qué necesitas?

¿Sentirte valorada, amada, segura, protegida, reconocida, respetada o en libertad?

Como vimos cuando una persona se siente amada intelectualmente funciona mejor y cuando se siente amenazada peor.

Y que nunca es tarde para amar ni para esperar el efecto del amor, a pesar del pasado que hayamos tenido.

¡No lo soporto!

Ahora que camino más atenta escucho frecuentemente a mi alrededor frases como:

- "Cada día veo a mi jefe y no lo soporto"
- "No lo aguanto más" (me incluyo en esta)
- "Me quiero ir" (sentido con odio)

Si te resuenan como a mí, te dejo esta tarea:

Empieza hoy a mirar a tu jefe (esposo/compañero/vecino) a quien no soportas con una sonrisa, al principio tendrás que actuar (como lo hizo Margarita) pero luego verás que los músculos de la cara ceden y te resultará más fácil.

Es el mismo efectivo ejercicio que sugirió el Dr. Mario Alonso Puig a su paciente y los resultados fueron sorprendentes, logró dejar de depender de las pastillas pero lo mejor es que su calidad de vida y su relación con su jefe cambió, ya no se sintió amenazada ni con dolor de estómago.

Confirmarás cómo cambia tu cerebro cuando conectas con otras personas desde otra perspectiva.

Basta de pastillas o placebos

¿Te suena la palabra omeprazol? Pantoprazol y muchos más ...prazol.

Buscapin...almx en sobrecito y otros tantos antiácidos, antiespasmódicos, si quieres dejar de depender de ellos y para eso sólo necesitas cinco minutos de meditación al día para reducir el estrés y sentirte más joven y feliz.

Seguro no me crees, es porque no te imaginas los beneficios que puede aportar la meditación en tu día a día. Y solo tienes que dedicarle cinco minutos de tu tiempo. Seguro que los encuentras.

La meditación te ayuda a reducir el nivel de estrés de tu día a día para que afrontes tu rutina diaria con tranquilidad y una sonrisa. Pero claro, nos imaginamos a nosotras mismas meditando y nos resulta entre difícil y... cómico, para qué vamos a engañarnos. Sentarte con las piernas cruzadas, la espalda recta, las manos sobre tus rodillas juntando los dedos pulgar y corazón y profiriendo un profundo OM que reverbere en tus oídos... no, la meditación no es para ti. Pero es que esto es sólo la imagen que todos tenemos y, aunque puedas hacerlo, no es la base de la meditación ni lo más importante. Si quieres conocer todos los beneficios que pueden tener 5 minutos de meditación sobre tu cuerpo y tu mente, sigue leyendo.

«Vivimos en una sociedad que va siempre a toda prisa, con exigencias y sin tiempo». «Sentarnos un rato cada día en silencio y quietud, nos invita a parar, a bajar al cuerpo, a descender el ritmo. Nos hace conscientes de cómo nos sentimos, de las fluctuaciones de la mente, del ruido y la prisa, del estrés».

¿No te ha pasado alguna vez qué, cuando apagas la luz al meterte en la cama, tu mente no puede parar? Y encima ¿escuchas el tinnitus? (acúfeno)

Si no te habías dado cuenta hasta ese momento, es que no estás acostumbrada a parar y escucharte, te mueves por inercia en una rueda de obligaciones y actividades que cada vez va más rápido.

Recuerda que si aún no lo leíste tengo un libro publicado, mi primer libro, donde te explico cómo puedes introducirte a la meditación contemplativa[34].

Dónde está el problema, está la solución

La idea clave sobre los casos con dolor de estómago, dónde se presenta acidez o gastritis, tienen su origen en la capa embrionaria 4° llamada Ectodermo.

Afectando el Tejido Epitelial, más precisamente la mucosa de la curvatura menor del estómago.

Y si llegaste hasta aquí siéntete aliviado porque los síntomas corresponden a la fase de enfermedad de **reparación**, quiere decir que ya se ha solucionado el conflicto (la solución puede haber sido interna o externa, es decir vino de afuera) lo que significa es que ya estás en la fase final de este episodio, si lo vemos como una serie de Netflix; por eso me gustaría que te lleves como aprendizaje el lograr ser cada vez más consciente de tus síntomas, ganando una nueva perspectiva y así en un futuro quizás evitar una nueva temporada de esta dolorosa serie y que por fin llegue el final.

Si aun sigues preguntándote **¿qué sentido tiene en la naturaleza que sufras gastritis?**

El Sentido Biológico del síntoma ocurre en la primera fase (activa) a través de la ulceración para hacer más espacio, que pase más luz y así mezclar mejor el alimento, para digerirlo mejor. Podríamos interpretar que al abrir/ampliar el conducto y **degradar la situación indigerible** que no pudimos procesar conscientemente, el cuerpo busca la solución inconsciente.

"Dónde está el problema, está la solución"

Es probable que si te identificas con alguna de estas palabras puedas "escucharte" en qué situaciones sueles emplearlas y estar más atento a cómo ves esas situaciones indigeribles:

Admitir, digerir, combinar, procesar, revuelto, mezclar, tolerar, contrariedad indigesta, ira, rencor, enfado, rabia, vacío por llenar, disentir, injusticia.

Un buen ejercicio es escuchar a qué situaciones te refieres cuando las usas, ¿vives permanentemente situaciones injustas? ¿Con rabia/enfado?

¿Qué situación has tenido que **tolerar** en la que te has sentido **contrariada** que no podías digerir? o ¿te viste obligada a afrontar algo que te **enojó** y que se solucionó hace "x" días?

En paralelo sucede el aumento del volumen o del acceso al estómago para dar paso a ese bocado indigerible.

Podríamos plantear esta pregunta en diferente forma:

¿Qué situación has tenido que tolerar hace "x" días y ya solucionaste, en la que te has sentido contrariada, con enojo en tu territorio que no has podido digerir?

Como vimos, la clave es que en el momento en que logres **reducir la sensación de amenaza** tu estómago se normalizará.

Todo tiene que ver con la atención

La atención es la energía, si estoy prestando atención a todo lo que es el juicio, la comparación, la crítica, la lamentación por el pasado o la preocupación por el futuro, entonces estoy reconstruyendo constantemente **mi ego.**

Si en cambio empiezo a prestar atención al momento presente, a percibir que le está pasando a mi cuerpo, estaré deconstruyendo el EGO.

El ego es lo que se siente amenazado, es lo que ve al otro no solo como distinto sino como distante.

En el cerebro tenemos **<u>neuronas espejo</u>** que están constantemente leyendo nuestro **estado emocional**, lo estamos transmitiendo sin darnos cuenta que lo transmitimos. Lo transmitimos con nuestro rostro y tono de voz, es el lenguaje no verbal y es captado por las neuronas espejo e inmediatamente ya **posicionan a la otra persona** un estado emocional de tal manera que "lo que tú le digas en palabras ya se encuentra con el estado emocional con el que esa persona está".

Si Margarita miraba a su jefe con **la mirada del desprecio** y su jefe aunque fuera a nivel inconsciente la sentía.

*Las **neuronas espejo** están constantemente leyendo nuestro **estado emocional** e inmediatamente **posicionan a la otra persona** en un estado emocional de tal manera que "lo que tú le digas en palabras ya se encuentra con el estado emocional con el que esa persona está".*

Es decir, tú ya estás influyendo en la otra persona, dependiendo la situación de tu corazón.

Me pregunto, ¿si yo soy "el otro"? Es decir, ¿cómo la situación del corazón de la otra persona influye en mí sí estoy dentro de esos 3 metros? Y acá creo que, depende de mi estado de evolución, cuando he sanado mis heridas de la infancia, me predispongo de otra manera. También a nivel espiritual el alcance son más de 3 metros, es más simple creer lo que la ciencia va confirmando, pero en mi experiencia el alcance del corazón es de más de miles de kilómetros. ¿No te ha pasado que piensas en una persona y al instante te llega un mensaje de ella? No es una simple casualidad.

*El propio pulso de presión del corazón está mandando mensajes. **El corazón manda mensajes directos al cerebro y el tubo digestivo** por lo que se ha visto con técnicas altamente complejas es que, cuando una persona entra en ese **silencio** sencillo y profundo donde uno sencillamente conecta con lo que **es** y reconociendo su grandeza inevitablemente la reconoce en todo ser humano y en toda criatura cuando pasa eso, **se sincronizan el encéfalo, el corazón y el tubo digestivo".***

Pero, cuando tú **te sientes amenazado**, y lo que más miedo nos da es **el juicio del otro**, la crítica sobre todo en nuestros momentos de mayor vulnerabilidad, de mayor fragilidad; cuando te sientes amenazado esta sincronización maravillosa entre los tres órganos desaparece hasta tal punto que el corazón entra en un ritmo frenético, pueden aparecer arritmias; el tubo digestivo empieza a alterarse y el encéfalo. No solo es que se desincronice el corazón y el tubo digestivo, es que los dos hemisferios se desincronizan entre sí, se llaman lateralización hemisférica.

Es decir, el lado izquierdo (que es mucho más racional, estructurado, organizado, planificador) y el lado derecho (que es más imaginativo, más artista), que juntos hacen un papel tan maravilloso, dejan de sincronizarse.

Cuando tú entras en ese silencio que a todos abarca. Porque abarca todo, donde la sensación de que eres distinto se mantiene pero **la distancia desaparece**, porque solo hay uno, los tres órganos se convierten en uno, en su funcionamiento y es como si algo latiera al unísono con repercusiones a nivel de salud, relaciones con los demás, funcionamiento mental y prosperidad para todos.

Por eso creo que es importante que por lo menos le demos una oportunidad, sin esperar que esto haga lo que nosotros queramos.

Porque si hacemos eso es la mente dualista la que gobierna, nosotros aquí más que buscar lo que hacemos es dejarnos encontrar.

Veamos un último caso de ejemplo.

Caso final:

Mujer zurda de 41 años, que presenta ardor en boca del estómago con inflamación durante las vacaciones con su esposo e hijo de 10 meses.

Siente un leve dolor luego de almorzar por lo que prefiere comer menos o no comer.

Al 5° día del viaje comenzaron los síntomas de acidez, saciedad e indigestión luego de **discutir** con su esposo por el tipo de transporte elegido para el viaje y por las actividades programadas durante las vacaciones. Se **siente obligada** a viajar de la forma que elige su esposo como lo hacía con su papá de pequeña, sin preguntarle o hacer caso de su opinión. Se siente incomprendida.

Dice: *"debo subirme al barco, pero no quiero porque vengo de viajar 3 horas en avión y 2 en auto, se me **revuelve** el estómago y **me enoja** que él me diga ¡no pasa nada!"*

Luego de regresar del viaje, a los 15 días aproximadamente acude al médico, quien le diagnostica gastritis.

Localización en el cuerpo: Curvatura menor del estómago

La pregunta para reflexionar sería:

¿Qué situación has tenido que tolerar en la que te has sentido contrariada que no podías digerir u obligada a afrontar algo que te enojó y que se solucionó hace 20 o 30 días?

Y para finalizar te dejo esta reflexión, si en lugar de "tolerar" aprendemos a través del "darnos cuenta" a hablar, a decir con amor aquello que nos enoja, que nos molesta, que nos duele, que toca a mi niña herida y una herida de la infancia para mirar de otra forma:

"Mi esposo no es mi papá, es mi igual, es mi compañero con el que puedo opinar, debatir y decidir como adulta".

Aún más sabias son estas palabras:

"Lo que el corazón calla, la mente entierra, el cuerpo se enferma, y el alma se quiebra...

Lo que el corazón habla, la mente se calma, el cuerpo sana y el alma descansa[35]*"*

Ahora cuéntame tú, ¿cómo te sentiste al leer estás páginas?

Ingresa a mi página www.sentirseamada.com[1] y déjame tu comentario o si prefieres escríbeme un email a info@sentirseamada.com para conocerte mejor. Respondo personalmente cada email. **Me dejo encontrar.**

Bendiciones ♥

Yenni

---

[1] Ref. "Libro azul de la decodificacion biologica by Bouron | Goodreads"

1.   http://www.sentirseamada.com

[2] Nota aclaratoria: iré pintando de color rojo oscuro las referencias al tejido de ECTODERMO (cuarta capa **embrionaria**).

[3] Fuente: Björn Eybl- "LAS CAUSAS ANÍMICAS DE LAS ENFERMEDADES". Según las 5 leyes biológicas descubiertas por el Dr. med. Mag. theol. Ryke Geerd Hamer.

[4] Fuente: VOLUMEN 3- Diplomado Descodificación Biológica –"Conflictología: Sistema digestivo, respiratorio, cardiovascular y endocrino" Por ÁNGELES WOLDER. (2021)

[5] Cf. Dr. Hamer. "Tabellenbuch", p. 115.

[6] Fuente: GUÍA 5LB DE CONSULTA RÁPIDA. https://www.concienciabio.com

[7] Cita: "Clorofila y Hemoglobina: Hermanas de sangre - Cruditeka"

[8] Referencia: https://www.lavozdegalicia.es/noticia/opinion/2018/01/20/hemoglobina-clorofila/0003_201801G20P13993.htm

[9] Contraindicaciones: Se contraindica su empleo en mujeres embarazadas, lactantes y niños de hasta 3 años, pacientes debilitados o con enfermedades hepáticas, auditivas y renales (Conway y Slocumb, 1979; Simões et al., 1986; Brinker, 1998).

[10] Fuente: Libro de Plantas medicinales autóctonas de la Argentina. Bases científicas para su aplicación en atención primaria de la salud / Jorge Alonso y Cristian Jorge Desmarchelier. - 1a ed. - Ciudad Autónoma de Buenos Aires: Corpus Libros Médicos y Científicos, 2015.

[11] Fuente: 56a edición revisada y ampliada: 2016. © Editorial: Ibera Verlag / European University Press, Viena, www.ibera.at
Björn Eybl
Las causas anímicas de las enfermedades Según las 5 leyes biológicas descubiertas por el Dr. med. Mag. theol. Ryke Geerd Hamer

[12] Contraindicaciones: litiasis vesicular, anticoagulados.

[13] Aloe. Precaución: sensibilidad a antraquinonas, medicación antiarrítmica o corticosteroides.

[14] Aclaración: la página www.germanische-heilkunde.at está en idioma Alemán. Utilicé como herramienta el traductor de Google "Google traductor" y fui adaptando algunos términos en función a mi experiencia en biodescodificación.

[15] Fuente: https://germanische-heilkunde.at/organ-magen-symptome-nach-der-germanischen-heilkunde/

[16] Fuente: https://germanische-heilkunde.at/category/helicobacter-pylori/

[17] Fuente: *"Decodificación microbiológica y viral" / Enrique Bouron.-*
1 ed.1 a reimp.- Ciudad Autónoma de Buenos Aires: Kier, 2017. (página 209)

[18] Fuente: VOLUMEN 3- Diplomado Descodificación Biológica –"Conflictología: Sistema digestivo, respiratorio, cardiovascular y endocrino" Por ÁNGELES WOLDER. (2021)

[19] Fuente: VOLUMEN 3- Diplomado Descodificación Biológica –"Conflictología: Sistema digestivo, respiratorio, cardiovascular y endocrino" Por ÁNGELES WOLDER. (2021)

[20] Fuente: VOLUMEN 3- Diplomado Descodificación Biológica –"Conflictología: Sistema digestivo, respiratorio, cardiovascular y endocrino" Por ÁNGELES WOLDER. (2021)

[21] Fuente caso: https://germanische-heilkunde.at/gastritis-schuettelfrost-bei-knabe-erfahrungsbericht-der-germanischen-heilkunde/

[22] Fuente caso: https://germanische-heilkunde.at/category/magenschmerzen/

[23] Fuente caso: https://germanische-heilkunde.at/sodbrennen-wegen-parkplatz-erfahrungsbericht-der-germanischen-heilkunde/

[24] Fuente: "Cómo cambia tu cerebro cuando conectas con otras personas | Mario Alonso Puig" (24 /09 /2023) en https://www.youtube.com/watch?v=3V8JKoHWnng

[25] Cita: "Sólo necesitas cinco minutos de meditación al día para reducir el ..." https://www.mujerhoy.com/vivir/bienestar/meditacion-cinco-minutos-al-dia-beneficios-reduce-estres-felicidad-20211117073558-nt.html

[26] Cita: https://www.ineco.org.ar/novedades/el-estres-no-siempre-es-malo-cual-es-la-diferencia-entre-distres-y-eustres/

[27] En Amazon: https://a.co/d/cHWtraW "Cómo dormir mejor en 7 pasos: Espiritualidad del corazón (Spanish Edition) Kindle Edition" de Yenni Payeski

[28] Fuente: "La biología del SILENCIO | Mario Alonso Puig" (25 /06 /2023) en https://youtu.be/UqFfwJl7Xi8?si=16hqeHyWFUvN9USH

[29] En Amazon: https://a.co/d/6suquVR "El Acompañamiento Espiritual cuando se termina una relación: La historia de una mujer que atravesó su propio desierto" (Espiritualidad del corazón) (Spanish Edition) Kindle Edition por Yenni Payeski

[30] "Biodescodificación para niños: Libro para colorear (¿Por qué me enfermo?)" por Yenni Payeski; consíguelo en Amazon: https://www.amazon.es/dp/B0CTL6438D

[31] "Aprende a orar en 20 minutos: La oración contemplativa como fuente de vida y esperanza (Espiritualidad del corazón) por Yenni Payeski"; consíguelo en Amazon y en otras tiendas https://www.amazon.com/dp/B084ZSGJCQ

[32] Fuente: "En qué otros lugares de nuestro cuerpo tenemos neuronas (además del cerebro) y para qué sirve" por Alba Morgade. BBC Mundo. 29 noviembre 2017. https://www.bbc.com/mundo/noticias-42011772

[33] Cita: "Aprende a meditar mientras comes. Lo necesitas para controlar el estrés …" de https://www.mujerhoy.com/vivir/psicologia/202002/19/tecnicas-meditacion-mientras-comes-control-estres-20200219093753.html

[34] Busca en Amazon: "Aprende a orar en 20 minutos: La oración contemplativa como fuente de vida y esperanza (Espiritualidad del corazón) (Spanish Edition) Kindle Edition" por Yenni Payeski o ingresa a este enlace directo https://www.amazon.com/dp/B084ZSGJCQ

[35] Fuente probable: Arnau de Tera.

Don't miss out!

Visit the website below and you can sign up to receive emails whenever Yenni Payeski publishes a new book. There's no charge and no obligation.

https://books2read.com/r/B-A-YADQ-UKLCF

BOOKS2READ

Connecting independent readers to independent writers.

Also by Yenni Payeski

autosanación emocional
Gastritis: Descodificación Biológica

Standalone
Problemas para dormir. Rituales y oraciones para que duermas más feliz
Trouble Sleeping? Evolve your spirituality
Acompañamiento espiritual por ruptura amorosa
Descodificación biológica Infantil
BIOLOGICAL DECODING. Children's Books

Watch for more at https://sentirseamada.com/.

About the Author

Soy Yenni Payeski. Descodificadora Biológica. Acompañante espiritual. Coach. Ingeniera.

Esposa. Madre. Hija.

Mi propósito es ayudar a descubrir la presencia de Dios en sus vidas, recuperar la ALEGRÍA a través de la FE y el Bienestar a través de la Biodescodificación.

Después de vivir años alejada de la fe y de mi pasión por la naturaleza, encontré en el catolicismo el mejor refugio para curar mis heridas. Aprendí que escucharme a mí misma y escuchar a los demás es el camino para el amor infinito de Dios.

El camino de la fe me llevó a convertirme en ministra del Silencio, la Escucha y la Acogida. En 2016 fundé **Sentirse Amada**, un espacio de acompañamiento espiritual donde brindo talleres para ayudar a mujeres en su búsqueda de bienestar a través del autoconocimiento, la meditación y la oración.

Con mis libros, te ayudo a reconocer y observar tus emociones y te doy las herramientas para volver a creer en ti misma y sentirte amada por Dios.

Ingresa a www.sentirseamada.com y da el primer paso a la conciencia del merecimiento, donde CREER es PODER.

Read more at https://sentirseamada.com/.